Sequential Spelling

3

rain
train
strain
restrain
restraints

Student Workbook

Copyright © 2011 Wave 3. Learning, Inc.
Printed in the United States of America.

ISBN: 9781935943112

Day 1

Spelling Lesson:

As you hear them, write the spelling words for the day in the space provided. Be sure that you correct any words you have spelled incorrectly.

1. _____
2. _____
3. _____
4. _____
5. _____
6. _____
7. _____
8. _____
9. _____
10. _____
11. _____
12. _____
13. _____
14. _____
15. _____
16. _____
17. _____
18. _____
19. _____
20. _____
21. _____
22. _____
23. _____
24. _____
25. _____

Using your Words:

List as many words as you can that have the following letters (in order) in them.

ess

Day 2

Spelling Lesson:

As you hear them, write the spelling words for the day in the space provided. Be sure that you correct any words you have spelled incorrectly.

1. _____
2. _____
3. _____
4. _____
5. _____
6. _____
7. _____
8. _____
9. _____
10. _____
11. _____
12. _____
13. _____
14. _____
15. _____
16. _____
17. _____
18. _____
19. _____
20. _____
21. _____
22. _____
23. _____
24. _____
25. _____

Using your Words:
Sound-alike words

massed/mast
passed/past

Look-alike words: **bass** "bass"/**bass** "BAY'ss"

Use a dictionary to find the meanings of these words. Then, use each in a sentence with other words on your spelling list.

1._____

2._____

3._____

4._____

5._____

6._____

Sequential Spelling Level 3 - Student Workbook

Day 3

Spelling Lesson:

As you hear them, write the spelling words for the day in the space provided. Be sure that you correct any words you have spelled incorrectly.

1. _____
2. _____
3. _____
4. _____
5. _____
6. _____
7. _____
8. _____
9. _____
10. _____
11. _____
12. _____

14. _____
15. _____
16. _____
17. _____
18. _____
19. _____
20. _____
21. _____
22. _____
23. _____
24. _____
25. _____

13. _____

Using your Words:

Unscramble these:

1. lsycas _____

2. ysgas _____

3. sfarsasas _____

4. sdeaps _____

5. bassruleg _____

6. duesges _____

7. cseuslfcus _____

8. pesosorfr _____

9. ciesnsongf _____

10. idgpenesrs _____

Day 4

Spelling Lesson:

As you hear them, write the spelling words for the day in the space provided. Be sure that you correct any words you have spelled incorrectly.

1. _____
2. _____
3. _____
4. _____
5. _____
6. _____
7. _____
8. _____
9. _____
10. _____
11. _____
12. _____
13. _____
14. _____
15. _____
16. _____
17. _____
18. _____
19. _____
20. _____
21. _____
22. _____
23. _____
24. _____
25. _____

Using your Words:

Can you  the words?

```
S E M N C I V U C N P U G A N
D R O A N D X L O U R J N X M
O E E T S T A I F G O M I U W
P Z P S Q S S J N E C E S N Q
U X G R S S I I U L E K S L Y
Q J U I E A S N E R S S E E B
S E E C M S P S G B S E R S U
B S C X E T S S U C E S D S B
T U V R D E H I E Z D S X S I
S Q P X R I H X O R W A F L A
C O N F E S S I O N T L A J L
E N I L O S A G B A I G T S M
G A S S I N G Y F N Q E Y A C
N X R R B L S C U R Y Y R L Z
R R Z W R W Z G Q I C E T S M
```

Words Used

classiest
confession
depression
dressing
eyeglasses
gasoline
gassing
lesser
massing
pressing
processed
succession
trespassers
unless

Day 5

Spelling Lesson:

As you hear them, write the spelling words for the day in the space provided. Be sure that you correct any words you have spelled incorrectly.

1. _____
2. _____
3. _____
4. _____
5. _____
6. _____
7. _____
8. _____
9. _____
10. _____
11. _____
12. _____
13. _____
14. _____
15. _____
16. _____
17. _____
18. _____
19. _____
20. _____
21. _____
22. _____
23. _____
24. _____
25. _____

Using your words:

Fill in the blanks with words from today's spelling list.

1. _____ can cause health problems such as high blood pressure.

2. When I drove my brother to the airport, I gave him a goodbye _____.

3. Jack needs to leave at least ten minutes earlier or he'll _____ the bus.

4. The judge will _____ the jury soon.

5. We need to _____ what to do about this.

6. What's all the _____ about?

7. The builders are making _____ on the house.

8. The SS Edmund Fitzgerald never sent a _____ call before it sank in November 1975.

9. Lisa tried to _____ Jon with her knowledge of football but she failed miserably.

10. Brian isn't very good at soccer; _____ he keeps trying!

Day 6

Spelling Lesson:

As you hear them, write the spelling words for the day in the space provided. Be sure that you correct any words you have spelled incorrectly.

1. _____
2. _____
3. _____
4. _____
5. _____
6. _____
7. _____
8. _____
9. _____
10. _____
11. _____
12. _____

14. _____
15. _____
16. _____
17. _____
18. _____
19. _____
20. _____
21. _____
22. _____
23. _____
24. _____
25. _____

13. _____

Using your words:

Sound-alike words: bussed/bust/bused missed/mist

Look-alike words: **progress "PRAH gress"/ progress "PROH gress"**

Use a dictionary to find the meanings of these words. Then, use each in a sentence with other words on your spelling list.

1. _____

2. _____

3. _____

4. _____

5. _____

6. _____

7. _____

Day 7

Spelling Lesson:

As you hear them, write the spelling words for the day in the space provided. Be sure that you correct any words you have spelled incorrectly.

1. _____
2. _____
3. _____
4. _____
5. _____
6. _____
7. _____
8. _____
9. _____
10. _____
11. _____
12. _____
13. _____

14. _____
15. _____
16. _____
17. _____
18. _____
19. _____
20. _____
21. _____
22. _____
23. _____
24. _____
25. _____

Using your words:

Use a dictionary to find the meanings of the following words. Then use each of them correctly in a sentence.

1. duress _____

   _____

2. oppressive _____

   _____

3. expressive _____

   _____

4. excessive _____

   _____

5. trussed _____

   _____

6. discussed _____

   _____

7. possessive _____

   _____

8. decompresses _____

   _____

9. assessment _____

   _____

10. hissed _____

    _____

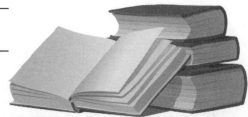

Day 8

Spelling Lesson:

As you hear them, write the spelling words for the day in the space provided. Be sure that you correct any words you have spelled incorrectly.

1. _____
2. _____
3. _____
4. _____
5. _____
6. _____
7. _____
8. _____
9. _____
10. _____
11. _____
12. _____
13. _____
14. _____
15. _____
16. _____
17. _____
18. _____
19. _____
20. _____
21. _____
22. _____
23. _____
24. _____
25. _____

Using your words:

Make as many words as you can from the following word.

decompression

1. _____
2. _____
3. _____
4. _____
5. _____
6. _____
7. _____
8. _____
9. _____
10. _____
11. _____
12. _____
13. _____
14. _____

Day 9

Spelling Lesson:

As you hear them, write the spelling words for the day in the space provided. Be sure that you correct any words you have spelled incorrectly.

1. _____
2. _____
3. _____
4. _____
5. _____
6. _____
7. _____
8. _____
9. _____
10. _____
11. _____
12. _____
13. _____

14. _____
15. _____
16. _____
17. _____
18. _____
19. _____
20. _____
21. _____
22. _____
23. _____
24. _____
25. _____

Using your words:

Fill in the blanks with words from today's spelling list.

1. Who's the _____ player on the team?

2. The baby robins are just about ready to leave the _____.

3. What do you _____ I study so I can pass the _____?

4. Lots of people attended the meeting to _____ the tax increase.

5. Sally tugged at her brother's _____ to get his attention.

6. Did you _____ see such a beautiful sight? It's gorgeous!

7. She pulled the _____ to release the balloons.

8. How much time do we need to _____ in this effort?

9. Babies need food that is easy to _____.

10. Jack and Sam stopped to _____ on their way home.

Day 10

Spelling Lesson:

As you hear them, write the spelling words for the day in the space provided. Be sure that you correct any words you have spelled incorrectly.

1. _____
2. _____
3. _____
4. _____
5. _____
6. _____
7. _____
8. _____
9. _____
10. _____
11. _____
12. _____
13. _____

14. _____
15. _____
16. _____
17. _____
18. _____
19. _____
20. _____
21. _____
22. _____
23. _____
24. _____
25. _____

Using your words:

Unscramble these:

1. ttessde _____

2. eporttss _____

3. ggstuess _____

4. gdtescnoe _____

5. ehaerwtv _____

6. ensistf _____

7. eesvnla _____

8. leenev _____

9. seerdev _____

10. vrhweeo _____

Day 11

Spelling Lesson:

As you hear them, write the spelling words for the day in the space provided. Be sure that you correct any words you have spelled incorrectly.

1. _____
2. _____
3. _____
4. _____
5. _____
6. _____
7. _____
8. _____
9. _____
10. _____
11. _____
12. _____

14. _____
15. _____
16. _____
17. _____
18. _____
19. _____
20. _____
21. _____
22. _____
23. _____
24. _____
25. _____

13. _____

Using your words:

Sound-alike words

guest/guessed
blest/blessed

Use a dictionary to find the meanings of these words. Then, use each of them in a sentence with other words on your spelling list.

1. _____

_____

2. _____

_____

3. _____

_____

4. _____

_____

Day 12

Spelling Lesson:

As you hear them, write the spelling words for the day in the space provided. Be sure that you correct any words you have spelled incorrectly.

1. _____
2. _____
3. _____
4. _____
5. _____
6. _____
7. _____
8. _____
9. _____
10. _____
11. _____
12. _____
13. _____

14. _____
15. _____
16. _____
17. _____
18. _____
19. _____
20. _____
21. _____
22. _____
23. _____
24. _____
25. _____

Using your words:

Can you find the words?

```
N N R C O R S M A P C E R S T
K P G I C Z G N F T V K E O L
R W N D I G E S T I O N L U S
S H I R T S L E E V E S F F C
B E T I E N U D R Y G I W O K
V R S T V E C G P E T S N V E
W E E N E V A I G U V G E V N
O V T L N A D R A E E E E T S
X E O S T E T E R S S N O E W
V R R G U H B L T E I T V H I
L W P P A G N I G N S E I V W
P Q T B L E O P G A E T Z O F
B F C A L N J F L P Z U I J N
A Q X B Y T N E M T S E V N I
G I L A R E V E S C A T R Q G
```

Words used

arresting
beautiful
congestion
digestion
evening
eventually
heavens
investment
peeves
protesting
several
shirtsleeves
suggestion
wherever
whoever

26   Sequential Spelling Level 3 - Student Workbook

Day 13

Spelling Lesson:

As you hear them, write the spelling words for the day in the space provided. Be sure that you correct any words you have spelled incorrectly.

1. _____
2. _____
3. _____
4. _____
5. _____
6. _____
7. _____
8. _____
9. _____
10. _____
11. _____
12. _____

14. _____
15. _____
16. _____
17. _____
18. _____
19. _____
20. _____
21. _____
22. _____
23. _____
24. _____
25. _____

Day 13

13. _____

Using your words:

Fill in the blanks with words from today's spelling list.

1. Sam and Rob helped catch the _____.

2. After such a bumpy ride, it was a _____ to get off the plane.

3. At the memorial service, many people were overcome with _____.

4. What time do you want to _____ for home?

5. Did you _____ the gift I sent you?

6. Alison didn't study for the _____, but she took it anyway.

7. Brian is a _____ at video games.

8. His waving _____ attracted my attention.

9. Early explorers held the _____ that the earth was flat.

10. Emily is easy to _____ because she is so trusting.

Day 14

Spelling Lesson:

As you hear them, write the spelling words for the day in the space provided. Be sure that you correct any words you have spelled incorrectly.

1. _____
2. _____
3. _____
4. _____
5. _____
6. _____
7. _____
8. _____
9. _____
10. _____
11. _____
12. _____
13. _____

14. _____
15. _____
16. _____
17. _____
18. _____
19. _____
20. _____
21. _____
22. _____
23. _____
24. _____
25. _____

Using your words:

Unscramble these:

1. ehvtise _____

2. bivleese _____

3. dprnioveeecc _____

4. sveepierc _____

5. eeecrivs _____

6. heeasv _____

7. wezszhi _____

8. ibedsefr _____

9. eecshvai _____

10. vgeiser _____

Day 15

Spelling Lesson:

As you hear them, write the spelling words for the day in the space provided. Be sure that you correct any words you have spelled incorrectly.

1. _____
2. _____
3. _____
4. _____
5. _____
6. _____
7. _____
8. _____
9. _____
10. _____
11. _____
12. _____
13. _____
14. _____
15. _____
16. _____
17. _____
18. _____
19. _____
20. _____
21. _____
22. _____
23. _____
24. _____
25. _____

Using your words:

Make as many words as you can from the following word.

inconceivable

Day 16

Spelling Lesson:

As you hear them, write the spelling words for the day in the space provided. Be sure that you correct any words you have spelled incorrectly.

1. _____
2. _____
3. _____
4. _____
5. _____
6. _____
7. _____
8. _____
9. _____
10. _____
11. _____
12. _____
13. _____
14. _____
15. _____
16. _____
17. _____
18. _____
19. _____
20. _____
21. _____
22. _____
23. _____
24. _____
25. _____

Using your words:

Choose ten of today's spelling words and use them in a paragraph, silly story or poem.

Day 17

Spelling Lesson:

As you hear them, write the spelling words for the day in the space provided. Be sure that you correct any words you have spelled incorrectly.

1. _____
2. _____
3. _____
4. _____
5. _____
6. _____
7. _____
8. _____
9. _____
10. _____
11. _____
12. _____
13. _____
14. _____
15. _____
16. _____
17. _____
18. _____
19. _____
20. _____
21. _____
22. _____
23. _____
24. _____
25. _____

Using your words:
Make as many words as you can with the following letters (in order) in them.

iff

Day 18

Spelling Lesson:

As you hear them, write the spelling words for the day in the space provided. Be sure that you correct any words you have spelled incorrectly.

1. _____
2. _____
3. _____
4. _____
5. _____
6. _____
7. _____
8. _____
9. _____
10. _____
11. _____
12. _____
13. _____
14. _____
15. _____
16. _____
17. _____
18. _____
19. _____
20. _____
21. _____
22. _____
23. _____
24. _____
25. _____

Using your words:

Fill in the blanks with words from today's spelling list:

1. Don't you just love these _____ slippers? They're so comfortable!

2. Jackie really likes to work on crossword _____.

3. My sister _____ from diabetes.

4. Let's hope that putting cotton in our ears _____ the noise when they shoot their _____.

5. When my dog meets strangers, he always _____ them.

6. Before he got in the patrol car, the policeman put the _____ on his prisoner.

7. We took a walk along the _____ yesterday afternoon.

8. All of the county _____ in the state are meeting next week.

9. _____ she look like Emily's twin?

10. I really couldn't see the fire, just _____ of smoke.

Day 19

Spelling Lesson:

As you hear them, write the spelling words for the day in the space provided. Be sure that you correct any words you have spelled incorrectly.

1. _____
2. _____
3. _____
4. _____
5. _____
6. _____
7. _____
8. _____
9. _____
10. _____
11. _____
12. _____
13. _____
14. _____
15. _____
16. _____
17. _____
18. _____
19. _____
20. _____
21. _____
22. _____
23. _____
24. _____
25. _____

Using your words:

Unscramble these:

1. csiehmif _____

2. stmaffi _____

3. zzdmelu _____

4. sfudeft _____

5. cfefusd _____

6. fuebfld _____

7. rfsfedeu _____

8. ebudzz _____

9. feifsdn _____

10. wiedfhf _____

Day 20

Spelling Lesson:

As you hear them, write the spelling words for the day in the space provided. Be sure that you correct any words you have spelled incorrectly.

1. _____

2. _____

3. _____

4. _____

5. _____

6. _____

7. _____

8. _____

9. _____

10. _____

11. _____

12. _____

13. _____

14. _____

15. _____

16. _____

17. _____

18. _____

19. _____

20. _____

21. _____

22. _____

23. _____

24. _____

25. _____

Using Your Words:

Make as many words as you can from the following word.

handkerchief

Day 21

Spelling Lesson:

As you hear them, write the spelling words for the day in the space provided. Be sure that you correct any words you have spelled incorrectly.

1. _____
2. _____
3. _____
4. _____
5. _____
6. _____
7. _____
8. _____
9. _____
10. _____
11. _____
12. _____
13. _____
14. _____
15. _____
16. _____
17. _____
18. _____
19. _____
20. _____
21. _____
22. _____
23. _____
24. _____
25. _____

Using Your Words:
Sound-alike words

bare/bear
tare/tear
fair/fare
pair/pear
hare/hair

Use a dictionary to find the meanings of the words you don't know. Then, use each of them correctly in a sentence.

1._____
_____
2._____
_____
3._____
_____
4._____
_____
5._____
_____
6._____
_____
7._____
_____
8._____
_____
9._____
_____
10._____

Day 22

Spelling Lesson:

As you hear them, write the spelling words for the day in the space provided. Be sure that you correct any words you have spelled incorrectly.

1. _____
2. _____
3. _____
4. _____
5. _____
6. _____
7. _____
8. _____
9. _____
10. _____
11. _____
12. _____
13. _____

14. _____
15. _____
16. _____
17. _____
18. _____
19. _____
20. _____
21. _____
22. _____
23. _____
24. _____
25. _____

Using Your Words:

"they're / their / there"

They're is a contraction of they are.
Their is a possessive pronoun. It always describes a noun.
There is an adverb meaning "that location."

Fill in the blanks with words from today's spelling list by using they're, their or there.

1. Where are Mark and Sally? _____ over there.

2. They've forgotten _____ bags.

3. _____ is no soap in the bathroom. Could you bring some please?

4. _____ are several mistakes in this paper.

5. I've met them before, but I don't know _____ names.

6. I don't know who they are, but I think _____ German.

7. Look at the smiles on _____ faces.

8. I don't think _____ coming.

9. _____ are two reasons why I don't like this idea.

10. Where are Fred and Steve? Over _____.

Day 23

Spelling Lesson:

As you hear them, write the spelling words for the day in the space provided. Be sure that you correct any words you have spelled incorrectly.

1. _____
2. _____
3. _____
4. _____
5. _____
6. _____
7. _____
8. _____
9. _____
10. _____
11. _____
12. _____
13. _____
14. _____
15. _____
16. _____
17. _____
18. _____
19. _____
20. _____
21. _____
22. _____
23. _____
24. _____
25. _____

Using Your Words:

Choose ten of the words in your spelling list and use each word in a sentence.

1. _____
   _____

2. _____
   _____

3. _____
   _____

4. _____
   _____

5. _____
   _____

6. _____
   _____

7. _____
   _____

8. _____
   _____

9. _____
   _____

10. _____
    _____

Day 24

Spelling Lesson:

As you hear them, write the spelling words for the day in the space provided. Be sure that you correct any words you have spelled incorrectly.

1. _____
2. _____
3. _____
4. _____
5. _____
6. _____
7. _____
8. _____
9. _____
10. _____
11. _____
12. _____
13. _____
14. _____
15. _____
16. _____
17. _____
18. _____
19. _____
20. _____
21. _____
22. _____
23. _____
24. _____
25. _____

Using Your Words:

Unscramble these:

1. igrnai _____

2. niaigrp _____

3. fnruyila _____

4. iipaemntrm _____

5. autsipsr _____

6. wadeernru _____

7. aeirngb _____

8. srseehi _____

9. ibnrga _____

10. nuqsarig _____

Day 25

Spelling Lesson:

As you hear them, write the spelling words for the day in the space provided. Be sure that you correct any words you have spelled incorrectly.

1. _____
2. _____
3. _____
4. _____
5. _____
6. _____
7. _____
8. _____
9. _____
10. _____
11. _____
12. _____
13. _____
14. _____
15. _____
16. _____
17. _____
18. _____
19. _____
20. _____
21. _____
22. _____
23. _____
24. _____
25. _____

Using Your Words:

Fill in the blanks with words from today's spelling list.

1. The airlines just announced another _____ increase.

2. Emily and Susan volunteered to _____ lunch.

3. Before it sank, the ship sent up a _____.

4. When we walk to school, we go past a house that has a sign on the gate "_____" of the dog.

5. We took the _____ to an appraiser to get an idea of its _____.

6. I'm always amazed by the view of the _____ from outer space.

7. Mr. Smith's students were asked to _____ and contrast the Eastern United States and the Western United States.

8. Don't _____, the rain will stop soon.

9. During the Great Depression, _____ was _____.

10. How many _____ do we need to finish painting the house today?

Day 26

Spelling Lesson:

As you hear them, write the spelling words for the day in the space provided. Be sure that you correct any words you have spelled incorrectly.

1. _____
2. _____
3. _____
4. _____
5. _____
6. _____
7. _____
8. _____
9. _____
10. _____
11. _____
12. _____
13. _____
14. _____
15. _____
16. _____
17. _____
18. _____
19. _____
20. _____
21. _____
22. _____
23. _____
24. _____
25. _____

Using Your Words:

Unscramble these:

1. earfs _____

2. rpeearsp _____

3. cclaresy _____

4. redoewdr _____

5. bolekawr _____

6. caorwkoe _____

7. aeirarf _____

8. aerws _____

9. wmiseroor _____

10. fworeksir _____

Day 27

Spelling Lesson:

As you hear them, write the spelling words for the day in the space provided. Be sure that you correct any words you have spelled incorrectly.

1. _____
2. _____
3. _____
4. _____
5. _____
6. _____
7. _____
8. _____
9. _____
10. _____
11. _____
12. _____
13. _____
14. _____
15. _____
16. _____
17. _____
18. _____
19. _____
20. _____
21. _____
22. _____
23. _____
24. _____
25. _____

Using Your Words:

List as many words as you can with the following letters (in order) in them:

are

Day 28

Spelling Lesson:

As you hear them, write the spelling words for the day in the space provided. Be sure that you correct any words you have spelled incorrectly.

1. _____
2. _____
3. _____
4. _____
5. _____
6. _____
7. _____
8. _____
9. _____
10. _____
11. _____
12. _____
13. _____
14. _____
15. _____
16. _____
17. _____
18. _____
19. _____
20. _____
21. _____
22. _____
23. _____
24. _____
25. _____

Using your words:

Can you find the words?

```
X P F O E W C T Q O Q R P T P
B W H O G R A O M N A Q A O N
E V R V R P A M O R Z Q S O S
Y R F N E E E W E X E Y S F N
Y C N W I R W L T S R O W E A
U G O X A L Y O G F S H O R R
P R L W Z P G N R X O R R A I
M X A A J W I E I D T S D B N
G N I Y R R O W A X B D M D G
U V Q S A I H W O R D I N G A
M I I P D I N E T O N N G L W
W J E X G P T G N H B A B A A
S R I H E R M Y X L L Q N B O
P N J D P Q P C Z A Y P E R S
L C O M P A R I N G K C H L R
```

Words Used

barefoot

comparing

foreword

glaring

password

preparing

rarely

snaring

software

tapeworm

unaware

wording

worrying

worst

Day 29

Spelling Lesson:

As you hear them, write the spelling words for the day in the space provided. Be sure that you correct any words you have spelled incorrectly.

1. _____
2. _____
3. _____
4. _____
5. _____
6. _____
7. _____
8. _____
9. _____
10. _____
11. _____
12. _____
13. _____
14. _____
15. _____
16. _____
17. _____
18. _____
19. _____
20. _____
21. _____
22. _____
23. _____
24. _____
25. _____

Using your words:

Fill in the blanks with words from today's spelling list.

1. The polo shirts come in several sizes; small, medium, _____ and extra-_____.

2. Sam hooked up the car's battery to give it a _____.

3. The doctor said he would _____ my sister from the hospital today.

4. In order to replace the pipe, the plumber had to _____ the opening.

5. There's nothing better than a good _____ on a cold day.

6. Brian and Max will join the tour _____ in Rome next week.

7. The balloon deflated because of a small _____ in the cloth.

8. Susan walked carefully over the broken sidewalk so she wouldn't _____.

9. Sometimes, jockeys use a _____ to urge their horses to run faster.

10. Watch out! You don't want to _____ on that icy sidewalk.

Day 30

Spelling Lesson:

As you hear them, write the spelling words for the day in the space provided. Be sure that you correct any words you have spelled incorrectly.

1. _____
2. _____
3. _____
4. _____
5. _____
6. _____
7. _____
8. _____
9. _____
10. _____
11. _____
12. _____
13. _____
14. _____
15. _____
16. _____
17. _____
18. _____
19. _____
20. _____
21. _____
22. _____
23. _____
24. _____
25. _____

Using Your Words:

List as many words as you can with the following letters (in order) in them

ip

Day 31

Spelling Lesson:

As you hear them, write the spelling words for the day in the space provided. Be sure that you correct any words you have spelled incorrectly.

1. _____
2. _____
3. _____
4. _____
5. _____
6. _____
7. _____
8. _____
9. _____
10. _____
11. _____
12. _____
13. _____
14. _____
15. _____
16. _____
17. _____
18. _____
19. _____
20. _____
21. _____
22. _____
23. _____
24. _____
25. _____

Using Your Words:

Unscramble these:

1. mganeletner _____

2. grscahgiidn _____

3. rgelar _____

4. cduepreo _____

5. uonpoc _____

6. dieppr _____

7. irpetpd _____

8. ihewpdp _____

9. gnmliaar _____

10. pysou _____

Day 32

Spelling Lesson:

As you hear them, write the spelling words for the day in the space provided. Be sure that you correct any words you have spelled incorrectly.

1. _____
2. _____
3. _____
4. _____
5. _____
6. _____
7. _____
8. _____
9. _____
10. _____
11. _____
12. _____
13. _____
14. _____
15. _____
16. _____
17. _____
18. _____
19. _____
20. _____
21. _____
22. _____
23. _____
24. _____
25. _____

Using Your Words:

Choose ten words from your spelling list and use each of them in a sentence.

1. _____
_____

2. _____
_____

3. _____
_____

4. _____
_____

5. _____
_____

6. _____
_____

7. _____
_____

8. _____
_____

9. _____
_____

10. _____
_____

Day 33

Spelling Lesson:

As you hear them, write the spelling words for the day in the space provided. Be sure that you correct any words you have spelled incorrectly.

1. _____
2. _____
3. _____
4. _____
5. _____
6. _____
7. _____
8. _____
9. _____
10. _____
11. _____
12. _____
13. _____
14. _____
15. _____
16. _____
17. _____
18. _____
19. _____
20. _____
21. _____
22. _____
23. _____
24. _____
25. _____

Using Your Words:
List as many words as you can with the following letters (in order) in them

op

Day 34

Spelling Lesson:

As you hear them, write the spelling words for the day in the space provided. Be sure that you correct any words you have spelled incorrectly.

1. _____
2. _____
3. _____
4. _____
5. _____
6. _____
7. _____
8. _____
9. _____
10. _____
11. _____
12. _____
13. _____

14. _____
15. _____
16. _____
17. _____
18. _____
19. _____
20. _____
21. _____
22. _____
23. _____
24. _____
25. _____

Using Your Words:

Fill in the blanks with words from today's spelling list.

1. _____ are groups of people who don't stay in one place very long.

2. There were lots of _____ in the harbor today.

3. Lisa bought a beautiful bunch of pink _____ for her grandmother.

4. Nancy helped her brother John get his jacket _____.

5. _____ are a root vegetable.

6. Many older homes have _____ pipes.

7. Would you please make ten _____ of this letter?

8. Our family's hardware store sells _____ and brooms as well as nails.

9. We heard a _____ sound before the explosion.

10. Jack wants to ride in a _____ someday.

Day 35

Spelling Lesson:

As you hear them, write the spelling words for the day in the space provided. Be sure that you correct any words you have spelled incorrectly.

1. _____
2. _____
3. _____
4. _____
5. _____
6. _____
7. _____
8. _____
9. _____
10. _____
11. _____
12. _____
13. _____

14. _____
15. _____
16. _____
17. _____
18. _____
19. _____
20. _____
21. _____
22. _____
23. _____
24. _____
25. _____

Using Your Words:

Unscramble these:

1. rippez _____

2. ygdppe _____

3. pperhwsdoi _____

4. phrdashi _____

5. pohped _____

6. eroprp _____

7. petspro _____

8. pciroe _____

9. ghpnipoc _____

10. pogigsnsi _____

Day 36

Spelling Lesson:

As you hear them, write the spelling words for the day in the space provided. Be sure that you correct any words you have spelled incorrectly.

1. _____
2. _____
3. _____
4. _____
5. _____
6. _____
7. _____
8. _____
9. _____
10. _____
11. _____
12. _____
13. _____
14. _____
15. _____
16. _____
17. _____
18. _____
19. _____
20. _____
21. _____
22. _____
23. _____
24. _____
25. _____

Using Your Words:

Make as many words as you can from the following word.

tightlipped

Day 37

Spelling Lesson:

As you hear them, write the spelling words for the day in the space provided. Be sure that you correct any words you have spelled incorrectly.

1. _____
2. _____
3. _____
4. _____
5. _____
6. _____
7. _____
8. _____
9. _____
10. _____
11. _____
12. _____
13. _____
14. _____
15. _____
16. _____
17. _____
18. _____
19. _____
20. _____
21. _____
22. _____
23. _____
24. _____
25. _____

Using Your Words:

Fill in the blanks with words from today's spelling list.

1. As fish sizes go, that one's a real _____.

2. Jake worked _____ to finish his paper before the deadline.

3. It isn't polite to _____ on a private conversation.

4. One of Max's chores is to take out the _____ on Fridays.

5. I have to stop at the bank and get some _____ for the movie.

6. Kristin would like to study _____ in New York City.

7. Shrimp is part of the _____ family.

8. I _____ I hadn't broken that _____.

9. Don't forget to _____ your teeth.

10. Some people _____ easily. Are you one of them?

Day 38

Spelling Lesson:

As you hear them, write the spelling words for the day in the space provided. Be sure that you correct any words you have spelled incorrectly.

1. _____
2. _____
3. _____
4. _____
5. _____
6. _____
7. _____
8. _____
9. _____
10. _____
11. _____
12. _____
13. _____
14. _____
15. _____
16. _____
17. _____
18. _____
19. _____
20. _____
21. _____
22. _____
23. _____
24. _____
25. _____

Using Your Words:

List as many words as you can that have these letters (in order).

ish

Day 39

Spelling Lesson:

As you hear them, write the spelling words for the day in the space provided. Be sure that you correct any words you have spelled incorrectly.

1. _____
2. _____
3. _____
4. _____
5. _____
6. _____
7. _____
8. _____
9. _____
10. _____
11. _____
12. _____
13. _____
14. _____
15. _____
16. _____
17. _____
18. _____
19. _____
20. _____
21. _____
22. _____
23. _____
24. _____
25. _____

Using Your Words:

Can you find the words?

```
D D V C D R Q R R M P F D Z P
I U H T H L H W U H S C L O H
S G S M C O S T B S A J T S C
H P I O G T I X B S H K P P B
E X F O Z O F D H W C E O L S
D S T G M B L I E A I P D A O
G Q A F L J E L L H P N M S Q
S Q C F T R S B U Y S N R H L
A W E Z A S N Z F P L U T E H
K G I V M R U H Q A T H R D D
A I Y S D E H S U R C D E B P
F W A S H E D V F G W H F G O
S Q H Y K I Z E A L S R A S V
B L U S H I N G K A P D I P Y
K U S L S P G G C Z U Q N H O
```

Words Used

blacktop
blushing
brushed
cashed
cashier
catfish
crushed
dished
poppy
rushed
splashed
swishing
unselfish
washed

Day 40

Spelling Lesson:

As you hear them, write the spelling words for the day in the space provided. Be sure that you correct any words you have spelled incorrectly.

1. _____
2. _____
3. _____
4. _____
5. _____
6. _____
7. _____
8. _____
9. _____
10. _____
11. _____
12. _____
13. _____
14. _____
15. _____
16. _____
17. _____
18. _____
19. _____
20. _____
21. _____
22. _____
23. _____
24. _____
25. _____

Using your words:

Choose ten of today's spelling words and use them in a paragraph, poem or silly story.

Name_____ Date_____

Evaluation Test #1

Fill in the blanks with the missing letters.

1. Has that suspect con_____ to the murder yet?

2. I hope we don't have another depr_____.

3. I have not dism_____ this class yet.

4. We'll have a group disc_____ tomorrow.

5. What was that group prot_____ over?

6. I would like to make a sugg_____.

7. The policeman caught the th_____ red-handed.

8. We bel_____ you.

9. I love going to wedding re_____.

10. I am really p_____ by your reaction.

11. There is too much s_____ in this world.

12. We should have our roof rep_____ before it leaks.

83

13. I wish you would stop st_____ at me.

14. We were pre_____ for almost any emergency.

15. I wish you would stop com_____ me to my sister.

16. Do you know the pass_____d?

17. We were really _____ried about you.

18. Yes, they called a ch_____ foul on Michael Jordan.

19. I can remember the last time I got a wh_____.

20. My cousin sk_____ the fourth grade.

Day 41

Spelling Lesson:

As you hear them, write the spelling words for the day in the space provided. Be sure that you correct any words you have spelled incorrectly.

1. _____
2. _____
3. _____
4. _____
5. _____
6. _____
7. _____
8. _____
9. _____
10. _____
11. _____
12. _____
13. _____

14. _____
15. _____
16. _____
17. _____
18. _____
19. _____
20. _____
21. _____
22. _____
23. _____
24. _____
25. _____

Using Your Words:

Fill in the blanks with words from today's spelling list.

1. We waited for the tow truck to give us a _____.

2. The _____ we planted last spring is growing very well.

3. How many apples are in a _____?

4. There's the bell. There's someone at the _____.

5. The Salvation Army is one of the organizations that collects money for the _____.

6. We made reservations for _____ at the restaurant.

7. Please _____ me a glass of lemonade.

8. A _____ is someone who is rude and has no manners.

9. Did you remember to sweep the _____ after you spilled the sugar?

10. A _____ is a figure of speech.

Day 42

Spelling Lesson:

As you hear them, write the spelling words for the day in the space provided. Be sure that you correct any words you have spelled incorrectly.

1. _____
2. _____
3. _____
4. _____
5. _____
6. _____
7. _____
8. _____
9. _____
10. _____
11. _____
12. _____
13. _____
14. _____
15. _____
16. _____
17. _____
18. _____
19. _____
20. _____
21. _____
22. _____
23. _____
24. _____
25. _____

Using Your Words:

Sound-alike words:

your/you're/yore
or/ore/oar
four/for/fore

Use a dictionary to find the meanings of the words you don't know. Then use each of them in a sentence.

1. _____
_____

2. _____
_____

3. _____
_____

4. _____
_____

5. _____
_____

6. _____
_____

7. _____
_____

8. _____
_____

9. _____
_____

Day 43

Spelling Lesson:

As you hear them, write the spelling words for the day in the space provided. Be sure that you correct any words you have spelled incorrectly.

1. _____
2. _____
3. _____
4. _____
5. _____
6. _____
7. _____
8. _____
9. _____
10. _____
11. _____
12. _____
13. _____
14. _____
15. _____
16. _____
17. _____
18. _____
19. _____
20. _____
21. _____
22. _____
23. _____
24. _____
25. _____

Using your words:

List as many words as you can that have the following letters (in order) in them.

ush

Day 44

Spelling Lesson:

As you hear them, write the spelling words for the day in the space provided. Be sure that you correct any words you have spelled incorrectly.

1. _____
2. _____
3. _____
4. _____
5. _____
6. _____
7. _____
8. _____
9. _____
10. _____
11. _____
12. _____
13. _____
14. _____
15. _____
16. _____
17. _____
18. _____
19. _____
20. _____
21. _____
22. _____
23. _____
24. _____
25. _____

Using your words:

Choose ten of the words in your spelling list and use each word in a sentence.

1. _____
   _____

2. _____
   _____

3. _____
   _____

4. _____
   _____

5. _____
   _____

6. _____
   _____

7. _____
   _____

8. _____
   _____

9. _____
   _____

10. _____
    _____

Day 45

Spelling Lesson:

As you hear them, write the spelling words for the day in the space provided. Be sure that you correct any words you have spelled incorrectly.

1. _____
2. _____
3. _____
4. _____
5. _____
6. _____
7. _____
8. _____
9. _____
10. _____
11. _____
12. _____
13. _____
14. _____
15. _____
16. _____
17. _____
18. _____
19. _____
20. _____
21. _____
22. _____
23. _____
24. _____
25. _____

Using your Words:
Fill in the blanks with words from today's spelling list.

1. Are you coming to _____ house after school?

2. I need 2 cups of _____ to make your birthday cake.

3. This milk has gone _____.

4. I'm going to take a course in _____ arranging this spring.

5. Flipping a circuit breaker restores _____.

6. Did you hear that car _____?

7. Let's pop some _____ to take to the movie.

8. What year were you _____?

9. Sirens are used to _____ of approaching tornadoes.

10. I went to my sister's bridal _____ last week.

Day 46

Spelling Lesson:

As you hear them, write the spelling words for the day in the space provided. Be sure that you correct any words you have spelled incorrectly.

1. _____
2. _____
3. _____
4. _____
5. _____
6. _____
7. _____
8. _____
9. _____
10. _____
11. _____
12. _____
13. _____

14. _____
15. _____
16. _____
17. _____
18. _____
19. _____
20. _____
21. _____
22. _____
23. _____
24. _____
25. _____

Using your words:

Make as many words as you can with the following letters (in order) in them.

ower

Day 47

Spelling Lesson:

As you hear them, write the spelling words for the day in the space provided. Be sure that you correct any words you have spelled incorrectly.

1. _____
2. _____
3. _____
4. _____
5. _____
6. _____
7. _____
8. _____
9. _____
10. _____
11. _____
12. _____
13. _____
14. _____
15. _____
16. _____
17. _____
18. _____
19. _____
20. _____
21. _____
22. _____
23. _____
24. _____
25. _____

Using your words:

Unscramble these:

1. outhrgh _____

2. truhgooh _____

3. udreoevd _____

4. derous _____

5. rpeooerwved _____

6. ncoyr _____

7. pnpcoor _____

8. denraw _____

9. lhhutago _____

10. itfuebaul _____

Day 48

Spelling Lesson:

As you hear them, write the spelling words for the day in the space provided. Be sure that you correct any words you have spelled incorrectly.

1. _____
2. _____
3. _____
4. _____
5. _____
6. _____
7. _____
8. _____
9. _____
10. _____
11. _____
12. _____
13. _____
14. _____
15. _____
16. _____
17. _____
18. _____
19. _____
20. _____
21. _____
22. _____
23. _____
24. _____
25. _____

Using Your Words:

Sound-alike words: **flour/flower morning/mourning our/hour**

Use each of these words correctly in a sentence

1. _____

2. _____

3. _____

4. _____

5. _____

6. _____

Day 49

Spelling Lesson:

As you hear them, write the spelling words for the day in the space provided. Be sure that you correct any words you have spelled incorrectly.

1. _____
2. _____
3. _____
4. _____
5. _____
6. _____
7. _____
8. _____
9. _____
10. _____
11. _____
12. _____
13. _____
14. _____
15. _____
16. _____
17. _____
18. _____
19. _____
20. _____
21. _____
22. _____
23. _____
24. _____
25. _____

Using Your Words:

List as many words as you can that have the following letters (in order) in them.

ort

Day 50

Spelling Lesson:

As you hear them, write the spelling words for the day in the space provided. Be sure that you correct any words you have spelled incorrectly.

1. _____
2. _____
3. _____
4. _____
5. _____
6. _____
7. _____
8. _____
9. _____
10. _____
11. _____
12. _____
13. _____
14. _____
15. _____
16. _____
17. _____
18. _____
19. _____
20. _____
21. _____
22. _____
23. _____
24. _____
25. _____

Using Your Words:

Unscramble these:

1. itrspmo _____

2. tsaoptrsnr _____

3. ssropatps _____

4. gdhoetisrtsh _____

5. mantuso _____

6. sucondsit _____

7. psonrnuo _____

8. uoidtmsn _____

9. dedrotpe _____

10. rtpspsou _____

Day 51

Spelling Lesson:

As you hear them, write the spelling words for the day in the space provided. Be sure that you correct any words you have spelled incorrectly.

1. _____
2. _____
3. _____
4. _____
5. _____
6. _____
7. _____
8. _____
9. _____
10. _____
11. _____
12. _____
13. _____
14. _____
15. _____
16. _____
17. _____
18. _____
19. _____
20. _____
21. _____
22. _____
23. _____
24. _____
25. _____

Using Your Words:

Fill in the blanks with words from today's spelling list.

1. We borrowed a _____ heater to keep warm.

2. After arriving at the airport, our tour group was _____ to our hotel in a bus.

3. My mom and I _____ through family pictures last weekend.

4. Our house doesn't have a garage; it has a _____.

5. _____ it was raining, Jack still wanted to ride his bike.

6. Do you know a _____ to the store?

7. How do you _____ that word?

8. Mount McKinley is the highest _____ in North America.

9. Adam and Emma _____ the votes for class president.

10. With so many cousins living nearby, we don't have a _____ of playmates

Day 52

Spelling Lesson:

As you hear them, write the spelling words for the day in the space provided. Be sure that you correct any words you have spelled incorrectly.

1. _____
2. _____
3. _____
4. _____
5. _____
6. _____
7. _____
8. _____
9. _____
10. _____
11. _____
12. _____
13. _____
14. _____
15. _____
16. _____
17. _____
18. _____
19. _____
20. _____
21. _____
22. _____
23. _____
24. _____
25. _____

Using your words:

Can you find the words?

```
A E S O N R R E M R N B Y D T
N V O E D O G E V I X Y E C R
N I P A I A I C P I C C E W O
O T K T T T Y T Q O N E M W P
U R T R H X N K A U R A F I R
N O O Y F J X U O T J T Y U I
C P D L R V M N O A R D E F A
E P N Y U E O V M C V O E R T
R U S H O R T B R E A D P C S
B S E X P O R T I N G N X E E
N O I T A T R O P S N A R T D
G N I T R O C S E I L G G D H
E J K C R N M Y C O U N T Y N
V I L I Z J Y D Y P D F A Y R
G N I T R O P M I X C L E V K
```

Words Used

airport
announcer
counties
county
deportation
escorting
exporting
importing
portage
pronounced
reporters
shortbread
supportive
transportation

Day 53

Spelling Lesson:

As you hear them, write the spelling words for the day in the space provided. Be sure that you correct any words you have spelled incorrectly.

1. _____
2. _____
3. _____
4. _____
5. _____
6. _____
7. _____
8. _____
9. _____
10. _____
11. _____
12. _____
13. _____
14. _____
15. _____
16. _____
17. _____
18. _____
19. _____
20. _____
21. _____
22. _____
23. _____
24. _____
25. _____

Using Your Words:

Fill in the blanks with words from today's spelling list.

1. How much does an _____ of gold weigh?

2. The harder you _____ a ball, the higher it goes.

3. Did you see the cat _____ on the mouse?

4. You have pretty _____ eyes!

5. Why such a nasty _____? What's wrong?

6. Chuckles the _____ is coming to our _____.

7. _____ people tend to drive expensive cars like Jaguars.

8. What's your favorite _____? Mine is corned beef and swiss on rye.

9. I think the shovel is under that _____ of snow.

10. She's got a lovely _____.

Day 54

Spelling Lesson:

As you hear them, write the spelling words for the day in the space provided. Be sure that you correct any words you have spelled incorrectly.

1. _____
2. _____
3. _____
4. _____
5. _____
6. _____
7. _____
8. _____
9. _____
10. _____
11. _____
12. _____
13. _____
14. _____
15. _____
16. _____
17. _____
18. _____
19. _____
20. _____
21. _____
22. _____
23. _____
24. _____
25. _____

Using Your Words:

Make as many words as you can from the following word.

mispronounce

Day 55

Spelling Lesson:

As you hear them, write the spelling words for the day in the space provided. Be sure that you correct any words you have spelled incorrectly.

1. _____
2. _____
3. _____
4. _____
5. _____
6. _____
7. _____
8. _____
9. _____
10. _____
11. _____
12. _____
13. _____
14. _____
15. _____
16. _____
17. _____
18. _____
19. _____
20. _____
21. _____
22. _____
23. _____
24. _____
25. _____

Using Your Words:

Compound words are words that are made when two words are combined. Make as many compound words as you can using the following words

town

down

Day 56

Spelling Lesson:

As you hear them, write the spelling words for the day in the space provided. Be sure that you correct any words you have spelled incorrectly.

1. _____

2. _____

3. _____

4. _____

5. _____

6. _____

7. _____

8. _____

9. _____

10. _____

11. _____

12. _____

14. _____

15. _____

16. _____

17. _____

18. _____

19. _____

20. _____

21. _____

22. _____

23. _____

24. _____

25. _____

13. _____

Using your words:

Choose ten words from your spelling list and use each of them correctly in a sentence.

1. _____
_____

2. _____
_____

3. _____
_____

4. _____
_____

5. _____
_____

6. _____
_____

7. _____
_____

8. _____
_____

9. _____
_____

10. _____
_____

Day 57

Spelling Lesson:

As you hear them, write the spelling words for the day in the space provided. Be sure that you correct any words you have spelled incorrectly.

1. _____
2. _____
3. _____
4. _____
5. _____
6. _____
7. _____
8. _____
9. _____
10. _____
11. _____
12. _____
13. _____
14. _____
15. _____
16. _____
17. _____
18. _____
19. _____
20. _____
21. _____
22. _____
23. _____
24. _____
25. _____

Using your words:

Fill in the blanks with words from today's spelling list.

1. _____ we were sleeping, it started snowing.

2. Another name for a wastebasket is circular _____.

3. It will take awhile to _____ the list.

4. We decided to buy new _____ for our kitchen floor.

5. There's a _____ in the bucket that we need to fix.

6. I'm not sure if we can _____ our differences.

7. What furniture _____ do you like better, traditional or contemporary?

8. Napoleon went into _____ on the island of Elba

9. A _____ is a _____ that is related to an alligator.

10. Peeking through the ship's _____ we saw palm trees and white sand.

Day 58

Spelling Lesson:

As you hear them, write the spelling words for the day in the space provided. Be sure that you correct any words you have spelled incorrectly.

1. _____
2. _____
3. _____
4. _____
5. _____
6. _____
7. _____
8. _____
9. _____
10. _____
11. _____
12. _____
13. _____
14. _____
15. _____
16. _____
17. _____
18. _____
19. _____
20. _____
21. _____
22. _____
23. _____
24. _____
25. _____

Using your words:
Sound-alike words

sole/soul
hole/whole
pole/poll; role/roll
style/stile

Find the meanings of the words that you don't know. Then, use each word in a sentence.

1. _____

2. _____

3. _____

4. _____

5. _____

6. _____

7. _____

8. _____

9. _____

10. _____

Day 59

Spelling Lesson:

As you hear them, write the spelling words for the day in the space provided. Be sure that you correct any words you have spelled incorrectly.

1. _____
2. _____
3. _____
4. _____
5. _____
6. _____
7. _____
8. _____
9. _____
10. _____
11. _____
12. _____
13. _____
14. _____
15. _____
16. _____
17. _____
18. _____
19. _____
20. _____
21. _____
22. _____
23. _____
24. _____
25. _____

Using your words:

Make as many words as you can from the following word.

meanwhile

Day 60

Spelling Lesson:

As you hear them, write the spelling words for the day in the space provided. Be sure that you correct any words you have spelled incorrectly.

1. _____
2. _____
3. _____
4. _____
5. _____
6. _____
7. _____
8. _____
9. _____
10. _____
11. _____
12. _____
13. _____
14. _____
15. _____
16. _____
17. _____
18. _____
19. _____
20. _____
21. _____
22. _____
23. _____
24. _____
25. _____

Using Your Words:

Can You  the Words?

```
E L I N E V U J P H N N T G M
W I Q V P S Q E B O J O U N E
C O N S O L A T I O N I R I G
S U R S U Z Z T U Q F T N L L
J G N T O H A T O M X A S I Q
E B Z R H L R F Y A J I T F H
E L A U I W E Y C W A L I E O
X R O P Z B H O Y K O I L D L
H M M H G S N I V H G C E V Y
L O W X P S D Z L N Y N S P L
C F W F O O X J I E H O R M W
C N L L T W O L P T P C X J W
H Z I Z I E Y L J B D E M H F
G N T L V T Q X I V O R S H A
G C E R S T P N F I L I N G J
```

Words Used

compilation

consolation

consoling

defiling

filing

holy

insole

juvenile

loophole

reconciliation

styling

turnstiles

wile

worthwhile

Day 61

Spelling Lesson:

As you hear them, write the spelling words for the day in the space provided. Be sure that you correct any words you have spelled incorrectly.

1. _____
2. _____
3. _____
4. _____
5. _____
6. _____
7. _____
8. _____
9. _____
10. _____
11. _____
12. _____
13. _____
14. _____
15. _____
16. _____
17. _____
18. _____
19. _____
20. _____
21. _____
22. _____
23. _____
24. _____
25. _____

Using Your Words:
Fill in the blanks with words from today's spelling list.

1. Do you _____ if I sit here?

2. Please _____ me to get bread at the grocery store.

3. A white cane is often used by someone who is _____.

4. It was _____ of you to include us in your dinner plans.

5. Do you need to _____ the clock? It seems to be slowing down.

6. The _____ is blowing very hard. It's making the trees bend.

7. _____ is another name for tornado or cyclone.

8. The judge told the sheriff to _____ the order.

9. I got burned by a _____ because I stood too close to the fire.

10. The frost made beautiful patterns on the _____.

Day 62

Spelling Lesson:

As you hear them, write the spelling words for the day in the space provided. Be sure that you correct any words you have spelled incorrectly.

1. _____
2. _____
3. _____
4. _____
5. _____
6. _____
7. _____
8. _____
9. _____
10. _____
11. _____
12. _____
13. _____
14. _____
15. _____
16. _____
17. _____
18. _____
19. _____
20. _____
21. _____
22. _____
23. _____
24. _____
25. _____

Using Your Words:

Sound-alike words:

mind/mined; shoo/shoe

Look-alike words:

wind "WIN'd"/wind "WYH'n-d"

wound "WOW'n-d"/wound "WOO'n-d"

Find the meanings of the words that you don't know. Then, use each word in a sentence.

1. _____
_____
2. _____
_____
3. _____
_____
4. _____
_____1.
5. _____
_____
6. _____
_____
7. _____
_____
8. _____
_____

Day 63

Spelling Lesson:

As you hear them, write the spelling words for the day in the space provided. Be sure that you correct any words you have spelled incorrectly.

1. _____
2. _____
3. _____
4. _____
5. _____
6. _____
7. _____
8. _____
9. _____
10. _____
11. _____
12. _____
13. _____

14. _____
15. _____
16. _____
17. _____
18. _____
19. _____
20. _____
21. _____
22. _____
23. _____
24. _____
25. _____

Using your words:

Make as many compound words as you can with the following word

win

Day 64

Spelling Lesson:

As you hear them, write the spelling words for the day in the space provided. Be sure that you correct any words you have spelled incorrectly.

1. _____
2. _____
3. _____
4. _____
5. _____
6. _____
7. _____
8. _____
9. _____
10. _____
11. _____
12. _____
13. _____
14. _____
15. _____
16. _____
17. _____
18. _____
19. _____
20. _____
21. _____
22. _____
23. _____
24. _____
25. _____

Using your words:

Can You find the Words?

```
S O O O T R O L V R G M N Q G
L S O F L L K A J V A F H Z N
A P B D J E M W I S G V J G I
R X M U W F H B T D L C N N O
G K A V C W I E L T Y I H H O
B N B R E T R A U Q D N I H P
U V I Q Q M N O Z N G T A X M
W I N D I E S T I H A X L P A
K O W N N G G W E T G H T W H
C K D O N I E E O W D U H N S
J E L I C R C O V D L T O F D
D E O K W N I S Z M M G U H L
J O C X J N D N E T N S G A T
B A Y H G Y G I B R A G H W X
L D Z T G N I O O H S S I S U
```

Words Used

although

bamboo

booing

hindquarter

masterminded

rescinding

rewinding

shampooing

shooing

tatooing

though

windiest

Day 65

Spelling Lesson:

As you hear them, write the spelling words for the day in the space provided. Be sure that you correct any words you have spelled incorrectly.

1. _____
2. _____
3. _____
4. _____
5. _____
6. _____
7. _____
8. _____
9. _____
10. _____
11. _____
12. _____
13. _____
14. _____
15. _____
16. _____
17. _____
18. _____
19. _____
20. _____
21. _____
22. _____
23. _____
24. _____
25. _____

Using your words:

List as many words as you can that have the following letters (in order) in them.

oon

Day 66

Spelling Lesson:

As you hear them, write the spelling words for the day in the space provided. Be sure that you correct any words you have spelled incorrectly.

1. _____
2. _____
3. _____
4. _____
5. _____
6. _____
7. _____
8. _____
9. _____
10. _____
11. _____
12. _____
13. _____

14. _____
15. _____
16. _____
17. _____
18. _____
19. _____
20. _____
21. _____
22. _____
23. _____
24. _____
25. _____

Using Your Words:

Fill in the blanks with words from today's spelling list.

1. At summer camp, we learned how to paddle _____.

2. During the Great Depression, my dad worked as a _____ boy.

3. Have you ever played the game of _____.

4. How many _____ does Jupiter have?

5. On Saturday mornings, Jack likes to watch _____.

6. Tip, which hit southern Japan in October 1979, was the largest and most intense _____ on record.

7. A pirate's loot is called _____.

8. These _____ socks are warm and cozy.

9. Bill spent several hours _____ the problem before he solved it.

10. Cowboys in the Old West liked to visit the _____ on Saturday nights.

Day 67

Spelling Lesson:

As you hear them, write the spelling words for the day in the space provided. Be sure that you correct any words you have spelled incorrectly.

1. _____
2. _____
3. _____
4. _____
5. _____
6. _____
7. _____
8. _____
9. _____
10. _____
11. _____
12. _____
13. _____
14. _____
15. _____
16. _____
17. _____
18. _____
19. _____
20. _____
21. _____
22. _____
23. _____
24. _____
25. _____

Using your words:

Unscramble these:

1. ndocea _____

2. ehods _____

3. ooomynhne _____

4. obodlelan _____

5. newsood _____

6. sutootho _____

7. huretblsertooo _____

8. toaneops _____

9. poontno _____

10. stancoirto _____

Day 68

Spelling Lesson:

As you hear them, write the spelling words for the day in the space provided. Be sure that you correct any words you have spelled incorrectly.

1. _____

2. _____

3. _____

4. _____

5. _____

6. _____

7. _____

8. _____

9. _____

10. _____

11. _____

12. _____

13. _____

14. _____

15. _____

16. _____

17. _____

18. _____

19. _____

20. _____

21. _____

22. _____

23. _____

24. _____

25. _____

Using your words:

Can You  the Words?

```
N B I G Y R M U T P B L S V R
O W A I N S Y E B S O O N O V
O G G B T I A L E M O V O N R
C T N D O S N C P Y T T W O I
C X B D P O A O D M I K S O F
A W R O F L N F O N N Z H P F
R E O T E D M S G T G G O S X
S N O O M Y E N O H R V E E G
K X H N O O T T I P S A S L N
B S A F T E R N O O N H C B I
C A N O E I N G L S I V C A T
R E T O O C S D Z D O T G T O
C O L J Q O Y T A Z V O I D O
M N A V L U Z R Y L T K W U H
Y O P F X I R E S T A P L B S
```

Words Used

afternoon

baboons

booting

canoeing

cartooning

honeymoons

raccoon

rooting

scooter

shoelaces

shooting

snowshoes

spittoon

tablespoon

teaspoon

140 Sequential Spelling Level 3 - Student Workbook

Day 69

Spelling Lesson:

As you hear them, write the spelling words for the day in the space provided. Be sure that you correct any words you have spelled incorrectly.

1. _____
2. _____
3. _____
4. _____
5. _____
6. _____
7. _____
8. _____
9. _____
10. _____
11. _____
12. _____
13. _____
14. _____
15. _____
16. _____
17. _____
18. _____
19. _____
20. _____
21. _____
22. _____
23. _____
24. _____
25. _____

Using your words:

Make as many words as you can with the following word in them.

foot

Day 70

Spelling Lesson:

As you hear them, write the spelling words for the day in the space provided. Be sure that you correct any words you have spelled incorrectly.

1. _____
2. _____
3. _____
4. _____
5. _____
6. _____
7. _____
8. _____
9. _____
10. _____
11. _____
12. _____
13. _____

14. _____
15. _____
16. _____
17. _____
18. _____
19. _____
20. _____
21. _____
22. _____
23. _____
24. _____
25. _____

Using your words:

Fill in the blanks with words from today's spelling list.

1. When I dance, I have two left _____.

2. Mountain goats are very _____ on steep hillsides.

3. Ballroom dancers have to practice their _____.

4. Let's see if she _____ the trip.

5. We will grow _____ and squash in our garden this year.

6. I hope I don't _____ over my words.

7. We heard several _____ about the change in plans.

8. There were some _____ of thunder before the storm came.

9. The cabin at the lake has large _____ supporting the roof.

10. The _____ of the committee asked Jake to be the chair.

Day 71

Spelling Lesson:

As you hear them, write the spelling words for the day in the space provided. Be sure that you correct any words you have spelled incorrectly.

1. _____
2. _____
3. _____
4. _____
5. _____
6. _____
7. _____
8. _____
9. _____
10. _____
11. _____
12. _____
13. _____
14. _____
15. _____
16. _____
17. _____
18. _____
19. _____
20. _____
21. _____
22. _____
23. _____
24. _____
25. _____

Using your words:

Unscramble these:

1. oorhluhtgy _____

2. ugohhtal _____

3. hmispeemrb _____

4. emrmdbeeer _____

5. belmdire _____

6. ucdneemreb _____

7. oebbrm _____

8. blrcemi _____

9. nobdteeuurm _____

10. muegbldr _____

Day 72

Spelling Lesson:

As you hear them, write the spelling words for the day in the space provided. Be sure that you correct any words you have spelled incorrectly.

1. _____
2. _____
3. _____
4. _____
5. _____
6. _____
7. _____
8. _____
9. _____
10. _____
11. _____
12. _____
13. _____

14. _____
15. _____
16. _____
17. _____
18. _____
19. _____
20. _____
21. _____
22. _____
23. _____
24. _____
25. _____

Using your words:

Sound-alike words:

> through/threw
> timber/timbre
> throughout/threw out

Use a dictionary to find the meanings of the words you don't know; then use each of them correctly in a sentence.

1. _____

2. _____

3. _____

4. _____

5. _____

6. _____

Day 73

Spelling Lesson:

As you hear them, write the spelling words for the day in the space provided. Be sure that you correct any words you have spelled incorrectly.

1. _____
2. _____
3. _____
4. _____
5. _____
6. _____
7. _____
8. _____
9. _____
10. _____
11. _____
12. _____
13. _____
14. _____
15. _____
16. _____
17. _____
18. _____
19. _____
20. _____
21. _____
22. _____
23. _____
24. _____
25. _____

Using your words:

Make as many words as you can from the following word.

thunderstorm

Day 74

Spelling Lesson:

As you hear them, write the spelling words for the day in the space provided. Be sure that you correct any words you have spelled incorrectly.

1. _____
2. _____
3. _____
4. _____
5. _____
6. _____
7. _____
8. _____
9. _____
10. _____
11. _____
12. _____
13. _____
14. _____
15. _____
16. _____
17. _____
18. _____
19. _____
20. _____
21. _____
22. _____
23. _____
24. _____
25. _____

Using your words:

Use a dictionary to find the meanings of these words and then use them in a sentence.

1. underage _____

2. dwindles _____

3. kindled _____

4. storefront _____

5. affronted _____

6. blunders _____

7. plunders _____

8. trundles _____

Day 75

Spelling Lesson:

As you hear them, write the spelling words for the day in the space provided. Be sure that you correct any words you have spelled incorrectly.

1. _____
2. _____
3. _____
4. _____
5. _____
6. _____
7. _____
8. _____
9. _____
10. _____
11. _____
12. _____
13. _____

14. _____
15. _____
16. _____
17. _____
18. _____
19. _____
20. _____
21. _____
22. _____
23. _____
24. _____
25. _____

Using your words:

Fill in the blanks with words from today's spelling list.

1. I'm sorry for the _____.

2. A symbol of Zeus is the _____.

3. We _____ up in our winter coats and went outside to go sledding.

4. The crowd _____ steadily after the fire was put out.

5. We are _____ for a house on the lake.

6. Ron _____ his reaction to his critics.

7. Red, white and blue _____ is used on the Fourth of July.

8. The prison escape caused a large _____.

9. The pigs _____ as they played in the mud.

10. The store clerk _____ the china with care.

Day 76

Spelling Lesson:

As you hear them, write the spelling words for the day in the space provided. Be sure that you correct any words you have spelled incorrectly.

1. _____
2. _____
3. _____
4. _____
5. _____
6. _____
7. _____
8. _____
9. _____
10. _____
11. _____
12. _____
13. _____
14. _____
15. _____
16. _____
17. _____
18. _____
19. _____
20. _____
21. _____
22. _____
23. _____
24. _____
25. _____

Using your words:

Can You find The Words?

```
A B Z S R E T N U H V K R F D
R U G N I L D N I W D G O T F
N O N R K D F R J N Y R Y R H
P O J D V I N Q F E X Y U G
X Q I R E N N E R T E I V N G
D O O T S R E D N U S I M D N
S G U Y A Z W U L E B G M L I
R R N M T T H E B I O X B I T
E U P G U D N L N D N P Z N N
L N O Z A W U O R T O G S G O
D T D E S N I E R T B H B R R
N I H L T Y D X W F Z E U P F
I N B L U N D E R I N G Q T N
W G Y T U Y B E N U M O L K O
S H A N D L I N G D P Z C N C
```

Words Used

blundering
bluntly
confrontation
confronting
dwindling
grunting
handling
headhunter
hunters
kindling
misunderstood
swindlers
trundling
underdog
underwent

Sequential Spelling Level 3 - Student Workbook

Day 77

Spelling Lesson:

As you hear them, write the spelling words for the day in the space provided. Be sure that you correct any words you have spelled incorrectly.

1. _____
2. _____
3. _____
4. _____
5. _____
6. _____
7. _____
8. _____
9. _____
10. _____
11. _____
12. _____
13. _____
14. _____
15. _____
16. _____
17. _____
18. _____
19. _____
20. _____
21. _____
22. _____
23. _____
24. _____
25. _____

Using your words:

Choose ten words from today's spelling list and use each in a sentence.

1. _____

2. _____

3. _____

4. _____

5. _____

6. _____

7. _____

8. _____

9. _____

10. _____

Day 78

Spelling Lesson:

As you hear them, write the spelling words for the day in the space provided. Be sure that you correct any words you have spelled incorrectly.

1. _____

2. _____

3. _____

4. _____

5. _____

6. _____

7. _____

8. _____

9. _____

10. _____

11. _____

12. _____

13. _____

14. _____

15. _____

16. _____

17. _____

18. _____

19. _____

20. _____

21. _____

22. _____

23. _____

24. _____

25. _____

Using your words:

Unscramble these:

1. ucsleanh _____

2. nsukams _____

3. ssbak _____

4. wshski _____

5. anhsecr _____

6. ucanhesh _____

7. sushk _____

8. layuetbfliu _____

9. brsecnah _____

10. kflssa _____

Day 79

Spelling Lesson:

As you hear them, write the spelling words for the day in the space provided. Be sure that you correct any words you have spelled incorrectly.

1. _____
2. _____
3. _____
4. _____
5. _____
6. _____
7. _____
8. _____
9. _____
10. _____
11. _____
12. _____
13. _____
14. _____
15. _____
16. _____
17. _____
18. _____
19. _____
20. _____
21. _____
22. _____
23. _____
24. _____
25. _____

Using your words:

Fill in the blanks with words from today's spelling list.

1. I filled the _____ with tomatoes.

2. Janice _____ if she could borrow my bike.

3. Sam worked with the reporters at the _____ _____.

4. Lisa _____ the eggs into the batter.

5. The policeman _____ the suspect.

6. Susan _____ the corn for supper.

7. Alison _____ cleaned her room before leaving on a trip.

8. The rocket was _____ yesterday.

9. The garden club is taking responsibility for _____ Main Street.

10. The trail _____ in many different directions.

Day 80

Spelling Lesson:

As you hear them, write the spelling words for the day in the space provided. Be sure that you correct any words you have spelled incorrectly.

1. _____
2. _____
3. _____
4. _____
5. _____
6. _____
7. _____
8. _____
9. _____
10. _____
11. _____
12. _____
13. _____
14. _____
15. _____
16. _____
17. _____
18. _____
19. _____
20. _____
21. _____
22. _____
23. _____
24. _____
25. _____

Using your words

Make as many words as you can with the following letters (in order) in them.

sk

Name_____   Date_____

Evaluation Test #2

Fill in the blanks with the missing letters.

1. Did your neighbor sell his pr_____?

2. The little kids spl_____ around in the pool all day.

3. We were simply cr_____ to find we weren't invited.

4. The thief was caught hiding in the b_____.

5. You can make paste by mixing fl_____ with water.

6. Do the rains in April bring on the fl_____ in May?

7. Oh, how I hate to get up in the m_____.

8. We rep_____ the accident to the police.

9. Sometimes names are hard to pron_____.

10. My sister is taking up acc_____ in college.

11. I wish you would stop cl_____ around.

12. I wonder what the Mona Lisa was sm_____ about.

13. Would you like a rept_____ for a pet?

14. We won a consol_____ prize.

15. I sometimes have to be rem_____ about the time.

16. Would somebody please open that w_____ for me?

17. Have you ever fished with a bamb_____ pole?

18. It's no fun to be mar_____ on a desert island.

19. How would you like to be rem_____ ?

20. I wish they would stop gr_____ all the time.

Day 81

Spelling Lesson:

As you hear them, write the spelling words for the day in the space provided. Be sure that you correct any words you have spelled incorrectly.

1. _____
2. _____
3. _____
4. _____
5. _____
6. _____
7. _____
8. _____
9. _____
10. _____
11. _____
12. _____
13. _____
14. _____
15. _____
16. _____
17. _____
18. _____
19. _____
20. _____
21. _____
22. _____
23. _____
24. _____
25. _____

Using your words:

Fill in the blanks with words from today's spelling list.

1. I didn't _____ when I felt her _____.

2. Did you see the _____ outside the window?

3. What a lovely _____ of daffodils!

4. I have a _____ that it will rain tonight.

5. What did you bring to _____ on for _____?

6. Please hand me the pipe _____. It's on the work_____.

7. Water helps _____ a thirst.

8. He landed a _____ before falling down.

9. Did you hear the _____ of gravel?

10. It rained heavily _____ the state this week.

Day 82

Spelling Lesson:

As you hear them, write the spelling words for the day in the space provided. Be sure that you correct any words you have spelled incorrectly.

1. _____

2. _____

3. _____

4. _____

5. _____

6. _____

7. _____

8. _____

9. _____

10. _____

11. _____

12. _____

13. _____

14. _____

15. _____

16. _____

17. _____

18. _____

19. _____

20. _____

21. _____

22. _____

23. _____

24. _____

25. _____

Using your words:

Unscramble these:

1. hreencws _____

2. ehbnsec _____

3. eusehnqc _____

4. htrhyglouo _____

5. snhect _____

6. yclhsen _____

7. lhcefsni _____

8. csrnhuecs _____

9. eucsnrhb _____

10. ecrunhcs _____

Day 83

Spelling Lesson:

As you hear them, write the spelling words for the day in the space provided. Be sure that you correct any words you have spelled incorrectly.

1. _____
2. _____
3. _____
4. _____
5. _____
6. _____
7. _____
8. _____
9. _____
10. _____
11. _____
12. _____
13. _____
14. _____
15. _____
16. _____
17. _____
18. _____
19. _____
20. _____
21. _____
22. _____
23. _____
24. _____
25. _____

Using your words:

Choose ten words from today's spelling list and use each in a sentence.

1. _____
_____

2. _____
_____

3. _____
_____

4. _____
_____

5. _____
_____

6. _____
_____

7. _____
_____

8. _____
_____

9. _____
_____

10. _____
_____

Day 84

Spelling Lesson:

As you hear them, write the spelling words for the day in the space provided. Be sure that you correct any words you have spelled incorrectly.

1. _____
2. _____
3. _____
4. _____
5. _____
6. _____
7. _____
8. _____
9. _____
10. _____
11. _____
12. _____
13. _____
14. _____
15. _____
16. _____
17. _____
18. _____
19. _____
20. _____
21. _____
22. _____
23. _____
24. _____
25. _____

Using your words:

Can you find the Words?

```
N X M E P R O D G W S W T J S
F E V X Y Q U E N C H I N G E
A L T H O U G H I Q A W W A I
Y C I K T Q N C H T F I O G H
I J H N O E X N C Y D Y N E C
G J C H C Q Y E N U G I G W N
U N L T P H A R Y S H I W I U
K S I J H E I T L C M E Q N M
I Q N H L O C N N G D F Z C Y
K Q C E C D U E G N Y D T H K
I T H W M N R G E F D W I I J
M L I X B W E S H T D R J N B
V A N D K U D B J Z S P T G K
Y V G U L A S N O E H C N U L
M J R K Y P I N C H I N G B P
```

Words Used

although
benching
clinching
entrenched
flinching
luncheons
lynching
munchies
pinching
quenching
though
wednesday
winching
wrenching

Day 85

Spelling Lesson:

As you hear them, write the spelling words for the day in the space provided. Be sure that you correct any words you have spelled incorrectly.

1. _____
2. _____
3. _____
4. _____
5. _____
6. _____
7. _____
8. _____
9. _____
10. _____
11. _____
12. _____
13. _____
14. _____
15. _____
16. _____
17. _____
18. _____
19. _____
20. _____
21. _____
22. _____
23. _____
24. _____
25. _____

Using your words:

Make as many words as you can from the following word.

attachment

Day 86

Spelling Lesson:

As you hear them, write the spelling words for the day in the space provided. Be sure that you correct any words you have spelled incorrectly.

1. _____
2. _____
3. _____
4. _____
5. _____
6. _____
7. _____
8. _____
9. _____
10. _____
11. _____
12. _____
13. _____
14. _____
15. _____
16. _____
17. _____
18. _____
19. _____
20. _____
21. _____
22. _____
23. _____
24. _____
25. _____

Using your words:

Unscramble these:

1. ucchesrh _____

2. ehsculr _____

3. rcheesp _____

4. tecetharas _____

5. isdthascep _____

6. esabcht _____

7. ehsstcacr _____

8. htrcwees _____

9. ksetsech _____

10. fcshtee _____

Day 87

Spelling Lesson:

As you hear them, write the spelling words for the day in the space provided. Be sure that you correct any words you have spelled incorrectly.

1. _____
2. _____
3. _____
4. _____
5. _____
6. _____
7. _____
8. _____
9. _____
10. _____
11. _____
12. _____
13. _____
14. _____
15. _____
16. _____
17. _____
18. _____
19. _____
20. _____
21. _____
22. _____
23. _____
24. _____
25. _____

Using your words:

Sound alike words: **wretch/retch catch/ketch** Use each of these words correctly in a sentence.

1. _____

_____

2. _____

_____

3. _____

_____

4. _____

_____

Day 88

Spelling Lesson:

As you hear them, write the spelling words for the day in the space provided. Be sure that you correct any words you have spelled incorrectly.

1. _____
2. _____
3. _____
4. _____
5. _____
6. _____
7. _____
8. _____
9. _____
10. _____
11. _____
12. _____
13. _____
14. _____
15. _____
16. _____
17. _____
18. _____
19. _____
20. _____
21. _____
22. _____
23. _____
24. _____
25. _____

Using your words:

Choose ten words from today's spelling list and use each in a sentence.

1. _____

_____

2. _____

_____

3. _____

_____

4. _____

_____

5. _____

_____

6. _____

_____

7. _____

_____

8. _____

_____

9. _____

_____

10. _____

_____

Day 89

Spelling Lesson:

As you hear them, write the spelling words for the day in the space provided. Be sure that you correct any words you have spelled incorrectly.

1. _____
2. _____
3. _____
4. _____
5. _____
6. _____
7. _____
8. _____
9. _____
10. _____
11. _____
12. _____
13. _____
14. _____
15. _____
16. _____
17. _____
18. _____
19. _____
20. _____
21. _____
22. _____
23. _____
24. _____
25. _____

Using your words:

Sound-alike words:

maid/made
witch/which
braid/brayed

Pronouncing problem:
pitcher "PITCH'er"
picture "PIKT'chur"

Use each of these words correctly in a sentence.

1. _____

2. _____

3. _____

4. _____

5. _____

6. _____

7. _____

8. _____

Day 90

Spelling Lesson:

As you hear them, write the spelling words for the day in the space provided. Be sure that you correct any words you have spelled incorrectly.

1. _____
2. _____
3. _____
4. _____
5. _____
6. _____
7. _____
8. _____
9. _____
10. _____
11. _____
12. _____
13. _____
14. _____
15. _____
16. _____
17. _____
18. _____
19. _____
20. _____
21. _____
22. _____
23. _____
24. _____
25. _____

Using your words:

Make a rhyme or silly story using five of today's spelling words.

Day 91

Spelling Lesson:

As you hear them, write the spelling words for the day in the space provided. Be sure that you correct any words you have spelled incorrectly.

1. _____
2. _____
3. _____
4. _____
5. _____
6. _____
7. _____
8. _____
9. _____
10. _____
11. _____
12. _____
13. _____
14. _____
15. _____
16. _____
17. _____
18. _____
19. _____
20. _____
21. _____
22. _____
23. _____
24. _____
25. _____

Using your words:

Fill in the blanks with words from today's spelling list.

1. Emily asked Kristin if she would be a _____.

2. Jack and Sam _____ places so Sam could sit next to Alison.

3. Brian practiced _____ with Adam.

4. _____ of the two desserts do you like better?

5. Mr. Ellison _____ the class about the Middle Ages.

6. Many textiles are _____ in South Carolina.

7. I _____ don't know what happened!

8. Walter Cronkite was a famous _____ for CBS News.

9. Luke fell and _____ his ankle.

10. Katie _____ Annie's hair.

Day 92

Spelling Lesson:

As you hear them, write the spelling words for the day in the space provided. Be sure that you correct any words you have spelled incorrectly.

1. _____

2. _____

3. _____

4. _____

5. _____

6. _____

7. _____

8. _____

9. _____

10. _____

11. _____

12. _____

13. _____

14. _____

15. _____

16. _____

17. _____

18. _____

19. _____

20. _____

21. _____

22. _____

23. _____

24. _____

25. _____

Using your words

Can you find the Words?

```
S E T K G I V X U C U K G N H
A B G N I R U T C E L N Q E A
N H E A L Y Y H P Z I N Q H M
D X L W G N E R S R G Z S C J
W P T Z I Z Z C U U K W O T G
I H K H C T P T M G I G G I P
C B R O A D C A S T I N G K V
H X X A H A I H C N I I X Y H
E C X C F D D H I H F R Q N O
S X I U E L I U C N Y U E D N
E H N N M N Z T A E G T W S E
W A S E G T I M W I T C H E S
M F Y C P K V B Z X U I G R T
S R E D I A R H L X D P B B Y
P N L I P I X Q A E J N Q V H
```

Words Used

bewitching

broadcasting

honesty

itching

kitchen

lecturing

maidens

manufacturing

picturing

raiders

sandwiches

switching

which

witches

Day 93

Spelling Lesson:

As you hear them, write the spelling words for the day in the space provided. Be sure that you correct any words you have spelled incorrectly.

1. _____
2. _____
3. _____
4. _____
5. _____
6. _____
7. _____
8. _____
9. _____
10. _____
11. _____
12. _____
13. _____
14. _____
15. _____
16. _____
17. _____
18. _____
19. _____
20. _____
21. _____
22. _____
23. _____
24. _____
25. _____

Using your words:

Fill in the blanks with words from today's spelling list.

1. Here's the _____ for the door.

2. Did you see that _____? He's cute!

3. How much _____ do we need for the trip?

4. _____ are planning a trip to New Zealand this month.

5. Lisa discovered several _____ hairs yesterday.

6. Large animals _____ on smaller animals.

7. My dog is learning to _____ my commands.

8. I made enough cupcakes for _____ of us to have one.

9. Chemicals have to be stored safely so they don't _____ into the soil.

10. _____! Let's go swimming!

Day 94

Spelling Lesson:

As you hear them, write the spelling words for the day in the space provided. Be sure that you correct any words you have spelled incorrectly.

1. _____
2. _____
3. _____
4. _____
5. _____
6. _____
7. _____
8. _____
9. _____
10. _____
11. _____
12. _____
13. _____

14. _____
15. _____
16. _____
17. _____
18. _____
19. _____
20. _____
21. _____
22. _____
23. _____
24. _____
25. _____

Using your words:

List as many words as you can that have the following letters (in order) in them.

ey

Day 95

Spelling Lesson:

As you hear them, write the spelling words for the day in the space provided. Be sure that you correct any words you have spelled incorrectly.

1. _____
2. _____
3. _____
4. _____
5. _____
6. _____
7. _____
8. _____
9. _____
10. _____
11. _____
12. _____
13. _____
14. _____
15. _____
16. _____
17. _____
18. _____
19. _____
20. _____
21. _____
22. _____
23. _____
24. _____
25. _____

Using your words:

Sound-alike words:

preys/prays/praise

greyed/grayed/grade

leach/leach

Use a dictionary to find the definitions of the words you don't know and then use them correctly in a sentence.

1. _____

2. _____

3. _____

4. _____

5. _____

6. _____

7. _____

8. _____

Day 96

Spelling Lesson:

As you hear them, write the spelling words for the day in the space provided. Be sure that you correct any words you have spelled incorrectly.

1. _____
2. _____
3. _____
4. _____
5. _____
6. _____
7. _____
8. _____
9. _____
10. _____
11. _____
12. _____
13. _____
14. _____
15. _____
16. _____
17. _____
18. _____
19. _____
20. _____
21. _____
22. _____
23. _____
24. _____
25. _____

Using your words:

Make a rhyme or silly story using ten of today's spelling words.

Day 97

Spelling Lesson:

As you hear them, write the spelling words for the day in the space provided. Be sure that you correct any words you have spelled incorrectly.

1. _____
2. _____
3. _____
4. _____
5. _____
6. _____
7. _____
8. _____
9. _____
10. _____
11. _____
12. _____
13. _____

14. _____
15. _____
16. _____
17. _____
18. _____
19. _____
20. _____
21. _____
22. _____
23. _____
24. _____
25. _____

Using your words:

Unscramble these:

1. ahrce _____

2. ecaht _____

3. ephacr _____

4. eerbch _____

5. pcehse _____

6. elbean _____

7. saildeb _____

8. dlebou _____

9. urbtelo _____

10. sebtal _____

Day 98

Spelling Lesson:

As you hear them, write the spelling words for the day in the space provided. Be sure that you correct any words you have spelled incorrectly.

1. _____
2. _____
3. _____
4. _____
5. _____
6. _____
7. _____
8. _____
9. _____
10. _____
11. _____
12. _____
13. _____
14. _____
15. _____
16. _____
17. _____
18. _____
19. _____
20. _____
21. _____
22. _____
23. _____
24. _____
25. _____

Using your words:

Sound-alike words

"beech/beach breech/breach"

Use a dictionary to find the definitions of each of these sets of words and then use them in a sentence

1. _____

_____

2. _____

_____

3. _____

_____

4. _____

_____

Day 99

Spelling Lesson:

As you hear them, write the spelling words for the day in the space provided. Be sure that you correct any words you have spelled incorrectly.

1. _____

2. _____

3. _____

4. _____

5. _____

6. _____

7. _____

8. _____

9. _____

10. _____

11. _____

12. _____

13. _____

14. _____

15. _____

16. _____

17. _____

18. _____

19. _____

20. _____

21. _____

22. _____

23. _____

24. _____

25. _____

Using your words:

Can you find the words?

```
A W C R U V D U I C N T B G L
J X V W W M W E K O T E E F G
O V E R R E A C H E D A A K Y
D G E L B O N T D C O C C P T
U I L H B O R D O E A H H C I
S N S Q P O E Z S A Q E L W L
A N A A U L L Y Q F D R R C I
X S D B B Y D E L B A S I D B
D B L A L I C D Q M J B P L A
E E N V E E L M S G Z B A T Q
D E O F K F N I O C E G K H X
C I H Y W J E I T E Y T N A Z
T P C E D A K P C Y V Z G B Y
O H X P E A I H P M E T Z P L
P W P E A C H E S D P D P A Q
```

Words Used

ability
beach
beech
disability
disabled
enabled
noble
overreached
peaches
reached
teachers
troubled
unable

Day 100

Spelling Lesson:

As you hear them, write the spelling words for the day in the space provided. Be sure that you correct any words you have spelled incorrectly.

1. _____

2. _____

3. _____

4. _____

5. _____

6. _____

7. _____

8. _____

9. _____

10. _____

11. _____

12. _____

13. _____

14. _____

15. _____

16. _____

17. _____

18. _____

19. _____

20. _____

21. _____

22. _____

23. _____

24. _____

25. _____

Using your words:

Choose at least ten words from your spelling list and use them in a rhyme, silly story or sentences.

Day 101

Spelling Lesson:

As you hear them, write the spelling words for the day in the space provided. Be sure that you correct any words you have spelled incorrectly.

1. _____
2. _____
3. _____
4. _____
5. _____
6. _____
7. _____
8. _____
9. _____
10. _____
11. _____
12. _____
13. _____
14. _____
15. _____
16. _____
17. _____
18. _____
19. _____
20. _____
21. _____
22. _____
23. _____
24. _____
25. _____

Using your words:

List as many words as you can which have the following letters (in order) in them.

ar

Day 102

Spelling Lesson:

As you hear them, write the spelling words for the day in the space provided. Be sure that you correct any words you have spelled incorrectly.

1. _____
2. _____
3. _____
4. _____
5. _____
6. _____
7. _____
8. _____
9. _____
10. _____
11. _____
12. _____
13. _____
14. _____
15. _____
16. _____
17. _____
18. _____
19. _____
20. _____
21. _____
22. _____
23. _____
24. _____
25. _____

Using Your Words:

Fill in the blanks with words from today's spelling list.

1. My brother has several _____ on his legs from football spikes.

2. Do you use a _____ or gas grill?

3. My grandfather enjoyed smoking _____.

4. How many cups in two _____?

5. The spring sports _____ ceremony is next week.

6. That sculpture really _____ the other ones.

7. How many _____ are there in a dollar?

8. While we were hiking, we dodged several _____ of bees.

9. _____ is part of Tanzania.

10. He is a true _____.

Day 103

Spelling Lesson:

As you hear them, write the spelling words for the day in the space provided. Be sure that you correct any words you have spelled incorrectly.

1. _____
2. _____
3. _____
4. _____
5. _____
6. _____
7. _____
8. _____
9. _____
10. _____
11. _____
12. _____
13. _____
14. _____
15. _____
16. _____
17. _____
18. _____
19. _____
20. _____
21. _____
22. _____
23. _____
24. _____
25. _____

Using Your Words

Unscramble these:

1. setrrad   _____

2. rdscear   _____

3. drrsaep   _____

4. erchrad   _____

5. werard   _____

6. zqruat   _____

7. rueesolraqm   _____

8. readadw   _____

9. warrtnead   _____

10. hrsvawe   _____

Day 104

Spelling Lesson:

As you hear them, write the spelling words for the day in the space provided. Be sure that you correct any words you have spelled incorrectly.

1. _____

2. _____

3. _____

4. _____

5. _____

6. _____

7. _____

8. _____

9. _____

10. _____

11. _____

12. _____

13. _____

14. _____

15. _____

16. _____

17. _____

18. _____

19. _____

20. _____

21. _____

22. _____

23. _____

24. _____

25. _____

Using Your Words:

Make as many words as you can from the following word.

warrantee

Day 105

Spelling Lesson:

As you hear them, write the spelling words for the day in the space provided. Be sure that you correct any words you have spelled incorrectly.

1. _____
2. _____
3. _____
4. _____
5. _____
6. _____
7. _____
8. _____
9. _____
10. _____
11. _____
12. _____
13. _____
14. _____
15. _____
16. _____
17. _____
18. _____
19. _____
20. _____
21. _____
22. _____
23. _____
24. _____
25. _____

Using Your Words:

Fill in the blanks with words from today's spelling list.

1. I can't even remember how the _____ started.

2. Each _____ on the belt represents a win.

3. The ink made a permanent _____ on the paper.

4. Don't be _____ a sourpuss!

5. Her gentle _____ was very soothing.

6. We asked the _____ to cut us some steaks for dinner.

7. Did you _____ the ballgame last night?

8. Lisa used the fly _____ to _____ the fly.

9. A _____ is an exotic fruit.

10. Jake, our bulldog, is a good _____.

Day 106

Spelling Lesson:

As you hear them, write the spelling words for the day in the space provided. Be sure that you correct any words you have spelled incorrectly.

1. _____
2. _____
3. _____
4. _____
5. _____
6. _____
7. _____
8. _____
9. _____
10. _____
11. _____
12. _____
13. _____
14. _____
15. _____
16. _____
17. _____
18. _____
19. _____
20. _____
21. _____
22. _____
23. _____
24. _____
25. _____

Using your words:

List as many words as you can that have the following letters (in order) in them.

otch

utch

Day 107

Spelling Lesson:

As you hear them, write the spelling words for the day in the space provided. Be sure that you correct any words you have spelled incorrectly.

1. _____
2. _____
3. _____
4. _____
5. _____
6. _____
7. _____
8. _____
9. _____
10. _____
11. _____
12. _____
13. _____
14. _____
15. _____
16. _____
17. _____
18. _____
19. _____
20. _____
21. _____
22. _____
23. _____
24. _____
25. _____

Using your words:

Unscramble these:

1. lrudarqee _____

2. qriuared _____

3. ncsuoi _____

4. tohducere _____

5. utyoch _____

6. etcwhda _____

7. bthceurde _____

8. qsetdtua _____

9. edtwsat _____

10. vsuae _____

Day 108

Spelling Lesson:

As you hear them, write the spelling words for the day in the space provided. Be sure that you correct any words you have spelled incorrectly.

1. _____
2. _____
3. _____
4. _____
5. _____
6. _____
7. _____
8. _____
9. _____
10. _____
11. _____
12. _____
13. _____
14. _____
15. _____
16. _____
17. _____
18. _____
19. _____
20. _____
21. _____
22. _____
23. _____
24. _____
25. _____

Using your words

```
R L C M O D P S B K S X Q T U
H C T O N P O T W G E U U H Z
Z I S E U U B A L G H D A G N
J G T G S S T S N N C M L I M
A G Q Z N C I I R A T I I T M
A T B L H I L N S F U I T R X
W S I M V E H C S H R C Y E E
L A E K R N X C O G C W T T W
S N T R S Q U A T T E R S A A
Z F A E Y L B I A O O H K W T
R U A P R P E R S K B N O J C
Q L J C P M E Q U A L I T Y H
O Z Z H W F A S Y P G F W O I
C S O I Q V B R K W C Z W D N
L M A E F Q K V K G Z D G G G
```

Words Used

botching
cousins
crutches
equality
quality
quarreling
squatters
topnotch
watching
watchmen
watermark
watertight

Day 109

Spelling Lesson:

As you hear them, write the spelling words for the day in the space provided. Be sure that you correct any words you have spelled incorrectly.

1. _____
2. _____
3. _____
4. _____
5. _____
6. _____
7. _____
8. _____
9. _____
10. _____
11. _____
12. _____
13. _____

14. _____
15. _____
16. _____
17. _____
18. _____
19. _____
20. _____
21. _____
22. _____
23. _____
24. _____
25. _____

Using Your Words:
Sound alike words:

> road/rode/rowed
> cheap/cheep
> Greece/grease
> seed/cede
> need/knead

Use a dictionary to find the meanings of the words you don't know. Then use them correctly in a sentence.

1. _____
2. _____
3. _____
4. _____
5. _____
6. _____
7. _____
8. _____

Day 110

Spelling Lesson:

As you hear them, write the spelling words for the day in the space provided. Be sure that you correct any words you have spelled incorrectly.

1. _____
2. _____
3. _____
4. _____
5. _____
6. _____
7. _____
8. _____
9. _____
10. _____
11. _____
12. _____
13. _____
14. _____
15. _____
16. _____
17. _____
18. _____
19. _____
20. _____
21. _____
22. _____
23. _____
24. _____
25. _____

Using Your Words:

List as many words as you can with the following letters (in order) in them.

oad

eem

Day 111

Spelling Lesson:

As you hear them, write the spelling words for the day in the space provided. Be sure that you correct any words you have spelled incorrectly.

1. _____
2. _____
3. _____
4. _____
5. _____
6. _____
7. _____
8. _____
9. _____
10. _____
11. _____
12. _____
13. _____
14. _____
15. _____
16. _____
17. _____
18. _____
19. _____
20. _____
21. _____
22. _____
23. _____
24. _____
25. _____

Using your words:

Sound alike words:

> bred/bread
> need/knead
> seeder/cedar

Use a dictionary to find the meanings of the words you don't know. Then, use each of them correctly in a sentence.

1. _____

2. _____

3. _____

4. _____

5. _____

6. _____

Day 112

Spelling Lesson:

As you hear them, write the spelling words for the day in the space provided. Be sure that you correct any words you have spelled incorrectly.

1. _____
2. _____
3. _____
4. _____
5. _____
6. _____
7. _____
8. _____
9. _____
10. _____
11. _____
12. _____
13. _____
14. _____
15. _____
16. _____
17. _____
18. _____
19. _____
20. _____
21. _____
22. _____
23. _____
24. _____
25. _____

Using your words:

Choose at least ten words from your spelling list and use each in a sentence.

1. _____
   _____

2. _____
   _____

3. _____
   _____

4. _____
   _____

5. _____
   _____

6. _____
   _____

7. _____
   _____

8. _____
   _____

9. _____
   _____

10. _____

Day 113

Spelling Lesson:

As you hear them, write the spelling words for the day in the space provided. Be sure that you correct any words you have spelled incorrectly.

1. _____
2. _____
3. _____
4. _____
5. _____
6. _____
7. _____
8. _____
9. _____
10. _____
11. _____
12. _____
13. _____
14. _____
15. _____
16. _____
17. _____
18. _____
19. _____
20. _____
21. _____
22. _____
23. _____
24. _____
25. _____

Using your words:

Sound alike words:

> meet/meat
> right/write
> feet/feat
> night/knight
> sight/site

Use a dictionary to find the definitions of each of these sets of words and then use each of them in a sentence.

1. _____
_____
2. _____
_____
3. _____
_____
4. _____
_____
5. _____
_____
6. _____
_____
7. _____
_____
8. _____
_____
9. _____
_____
10. _____
_____

Day 114

Spelling Lesson:

As you hear them, write the spelling words for the day in the space provided. Be sure that you correct any words you have spelled incorrectly.

1. _____

2. _____

3. _____

4. _____

5. _____

6. _____

7. _____

8. _____

9. _____

10. _____

11. _____

12. _____

13. _____

14. _____

15. _____

16. _____

17. _____

18. _____

19. _____

20. _____

21. _____

22. _____

23. _____

24. _____

25. _____

Using your words:

List as many words as you can that have the following letters (in order) in them.

eet

ight

Day 115

Spelling Lesson:

As you hear them, write the spelling words for the day in the space provided. Be sure that you correct any words you have spelled incorrectly.

1. _____
2. _____
3. _____
4. _____
5. _____
6. _____
7. _____
8. _____
9. _____
10. _____
11. _____
12. _____
13. _____
14. _____
15. _____
16. _____
17. _____
18. _____
19. _____
20. _____
21. _____
22. _____
23. _____
24. _____
25. _____

Using your words:

Fill in the blanks with words from today's spelling list.

1. My mom and dad _____ at the beach.

2. Babies don't like to eat _____.

3. Looking out the window at the storm, Jessica _____ heavily.

4. That clap of thunder _____ me.

5. I _____ my seatbelt before the plane took off.

6. Taking some books out of my backpack _____ it.

7. What are you two _____ about?

8. Mount Blanc is one of the _____ peaks in the Alps.

9. She walked so _____ I didn't hear her come in.

10. We had such a _____ time yesterday.

Day 116

Spelling Lesson:

As you hear them, write the spelling words for the day in the space provided. Be sure that you correct any words you have spelled incorrectly.

1. _____
2. _____
3. _____
4. _____
5. _____
6. _____
7. _____
8. _____
9. _____
10. _____
11. _____
12. _____
13. _____

14. _____
15. _____
16. _____
17. _____
18. _____
19. _____
20. _____
21. _____
22. _____
23. _____
24. _____
25. _____

Using your words

Can You find the Words?

```
S T E E K A R A P M B I Z L G
T J U Y R I G H T I N G Q I N
L O V L L B B T W D M R F X I
Y L L U F T H G I L E D S B N
G N T O S U H S O N M K R U T
B N Q I H I C G O S N F E L H
O N I M G R G I I I W S N L G
G V Q N E H T H G S G O E F I
B C A T E E T H I N N B T I L
Q C I W R T T E I N B U E G D
H O M C Y H H T N M G R E H G
N Y S Y O I E G T I P Y W T P
F I J O F E E K I M N D S S W
D I D D M E Z O W R V G V T D
L I G H T E N I N G F R N F I
```

Words Used

bullfights
delightfully
discretion
frightening
indiscretion
knighthood
lightening
lightning
meetings
parakeets
righting
sighing
sweeteners
tightening
unsightly

Day 117

Spelling Lesson:

As you hear them, write the spelling words for the day in the space provided. Be sure that you correct any words you have spelled incorrectly.

1. _____
2. _____
3. _____
4. _____
5. _____
6. _____
7. _____
8. _____
9. _____
10. _____
11. _____
12. _____
13. _____
14. _____
15. _____
16. _____
17. _____
18. _____
19. _____
20. _____
21. _____
22. _____
23. _____
24. _____
25. _____

Using your words:

List as many words as possible with the following letters (in order) in them.

end

Day 118

Spelling Lesson:

As you hear them, write the spelling words for the day in the space provided. Be sure that you correct any words you have spelled incorrectly.

1. _____
2. _____
3. _____
4. _____
5. _____
6. _____
7. _____
8. _____
9. _____
10. _____
11. _____
12. _____
13. _____
14. _____
15. _____
16. _____
17. _____
18. _____
19. _____
20. _____
21. _____
22. _____
23. _____
24. _____
25. _____

Using your words:

Sound alike words: **taught/taut**, **sent/cent**

Use a dictionary to find the definitions of each of these words and then use them in a sentence.

1. _____

2. _____

3. _____

4. _____

Day 119

Spelling Lesson:

As you hear them, write the spelling words for the day in the space provided. Be sure that you correct any words you have spelled incorrectly.

1. _____
2. _____
3. _____
4. _____
5. _____
6. _____
7. _____
8. _____
9. _____
10. _____
11. _____
12. _____
13. _____
14. _____
15. _____
16. _____
17. _____
18. _____
19. _____
20. _____
21. _____
22. _____
23. _____
24. _____
25. _____

Using your words

Fill in the blanks with words from today's spelling list.

1. You _____ _____ do that.

2. Thank you! That was so _____!

3. Lisa _____ asked if Emma needed help.

4. Uncle Jack has a hearty _____.

5. Adam _____ Sam's fly ball.

6. He is an _____ man.

7. Tom is so _____.

8. I _____ too much money at the store today.

9. Did you get the letter I _____ last week?

10. Bill _____ Brian his pencil.

Day 120

Spelling Lesson:

As you hear them, write the spelling words for the day in the space provided. Be sure that you correct any words you have spelled incorrectly.

1. _____
2. _____
3. _____
4. _____
5. _____
6. _____
7. _____
8. _____
9. _____
10. _____
11. _____
12. _____
13. _____
14. _____
15. _____
16. _____
17. _____
18. _____
19. _____
20. _____
21. _____
22. _____
23. _____
24. _____
25. _____

Using your words

Make as many words as you can from the following word:

condescension

Name_____   Date_____

Evaluation Test #3

Fill in the blanks with the missing letters.

1. I hope our neighbors weren't sw_____.

2. We _____ them to come to our house first.

3. They sent us several b_____ of flowers.

4. They had to trim several br_____ off the tree.

5. Water really qu_____ your thirst.

6. Children should be taught never to play with m_____.

7. The injured player was carried out on a str_____.

8. If there's anything I hate, it's listening to l _____.

9. The player suffered a fr _____.

10. It's hard to p_____ a president in hair curlers.

11. It's fun to play v_____ ball.

12. You shouldn't have disob_____ orders.

247

13. We watched the ball game from the bl_____.

14. It's time we called a scr_____ halt to this nonsense.

15. Nitroglycerin is highly unst_____.

16. Everybody has all kinds of different _____.

17. Do you remember who st_____ in Gone With the Wind?

18. How many times do you have to be w_____ about that?

19. When I hurt my foot, I had to walk on cr_____.

20. I love to hear the piano played with a light t_____.

248   Sequential Spelling Level 3 - Student Workbook

Day 121

Spelling Lesson:

As you hear them, write the spelling words for the day in the space provided. Be sure that you correct any words you have spelled incorrectly.

1. _____
2. _____
3. _____
4. _____
5. _____
6. _____
7. _____
8. _____
9. _____
10. _____
11. _____
12. _____
13. _____
14. _____
15. _____
16. _____
17. _____
18. _____
19. _____
20. _____
21. _____
22. _____
23. _____
24. _____
25. _____

Using your words:

List as many words as you can with the following letters (in order) in them.

end

Day 122

Spelling Lesson:

As you hear them, write the spelling words for the day in the space provided. Be sure that you correct any words you have spelled incorrectly.

1. _____
2. _____
3. _____
4. _____
5. _____
6. _____
7. _____
8. _____
9. _____
10. _____
11. _____
12. _____
13. _____
14. _____
15. _____
16. _____
17. _____
18. _____
19. _____
20. _____
21. _____
22. _____
23. _____
24. _____
25. _____

Using your words:

Unscramble these:

1. mrdoeeendmc _____

2. mdnse _____

3. nmdecmso _____

4. enchrpmeoedd _____

5. dnspeed _____

6. ednst _____

7. edtredvoexne _____

8. tnesdopr _____

9. nsdsiedt _____

10. idiendvsd _____

Day 123

Spelling Lesson:

As you hear them, write the spelling words for the day in the space provided. Be sure that you correct any words you have spelled incorrectly.

1. _____
2. _____
3. _____
4. _____
5. _____
6. _____
7. _____
8. _____
9. _____
10. _____
11. _____
12. _____
13. _____
14. _____
15. _____
16. _____
17. _____
18. _____
19. _____
20. _____
21. _____
22. _____
23. _____
24. _____
25. _____

Using your words

Using a dictionary, find the definitions of these spelling words. Then, use each correctly in a sentence.

1. commended _____

_____

2. comprehensive _____

_____

3. amended _____

_____

4. intensive _____

_____

5. overextended _____

_____

6. portending _____

_____

7. pretending _____

_____

8. appendix _____

_____

Day 124

Spelling Lesson:

As you hear them, write the spelling words for the day in the space provided. Be sure that you correct any words you have spelled incorrectly.

1. _____
2. _____
3. _____
4. _____
5. _____
6. _____
7. _____
8. _____
9. _____
10. _____
11. _____
12. _____
13. _____
14. _____
15. _____
16. _____
17. _____
18. _____
19. _____
20. _____
21. _____
22. _____
23. _____
24. _____
25. _____

Using your words:
Choose at least ten words from your spelling list and write a silly story or poem using them.

Day 125

Spelling Lesson:

As you hear them, write the spelling words for the day in the space provided. Be sure that you correct any words you have spelled incorrectly.

1. _____
2. _____
3. _____
4. _____
5. _____
6. _____
7. _____
8. _____
9. _____
10. _____
11. _____
12. _____
13. _____
14. _____
15. _____
16. _____
17. _____
18. _____
19. _____
20. _____
21. _____
22. _____
23. _____
24. _____
25. _____

Using your words:

Fill in the blanks with words from today's spelling list.

1. I don't have _____ clean clothes.

2. Do you know _____ about this?

3. A tadpole is a _____ relative of a frog.

4. Brad found a _____ new penny.

5. Mr. Wilson was my dad's favorite _____.

6. That idea seems a little _____.

7. We sat in the _____ for the _____.

8. The police have him under _____.

9. She will give her _____ in court on Wednesday.

10. There will be a _____ if summer vacation is canceled._____

Day 126

Spelling Lesson:

As you hear them, write the spelling words for the day in the space provided. Be sure that you correct any words you have spelled incorrectly.

1. _____
2. _____
3. _____
4. _____
5. _____
6. _____
7. _____
8. _____
9. _____
10. _____
11. _____
12. _____
13. _____

14. _____
15. _____
16. _____
17. _____
18. _____
19. _____
20. _____
21. _____
22. _____
23. _____
24. _____
25. _____

Using your words

List as many words as you can think of that have the following letters (in order) in them.

ny

Day 127

Spelling Lesson:

As you hear them, write the spelling words for the day in the space provided. Be sure that you correct any words you have spelled incorrectly.

1. _____
2. _____
3. _____
4. _____
5. _____
6. _____
7. _____
8. _____
9. _____
10. _____
11. _____
12. _____
13. _____
14. _____
15. _____
16. _____
17. _____
18. _____
19. _____
20. _____
21. _____
22. _____
23. _____
24. _____
25. _____

Using your words:

Unscramble these:

1. yoybdna _____

2. eitrbsnia _____

3. nsttiei _____

4. oreacnlime _____

5. inoiaalmrtm _____

6. infryetrta _____

7. oiotyrrs _____

8. teatetsmn _____

9. inattiesond _____

10. neeopsi _____

Day 128

Spelling Lesson:

As you hear them, write the spelling words for the day in the space provided. Be sure that you correct any words you have spelled incorrectly.

1. _____
2. _____
3. _____
4. _____
5. _____
6. _____
7. _____
8. _____
9. _____
10. _____
11. _____
12. _____
13. _____
14. _____
15. _____
16. _____
17. _____
18. _____
19. _____
20. _____
21. _____
22. _____
23. _____
24. _____
25. _____

Using your words

Make as many words as you can from the following word.

thoughtfulness

Day 129

Spelling Lesson:

As you hear them, write the spelling words for the day in the space provided. Be sure that you correct any words you have spelled incorrectly.

1. _____
2. _____
3. _____
4. _____
5. _____
6. _____
7. _____
8. _____
9. _____
10. _____
11. _____
12. _____
13. _____
14. _____
15. _____
16. _____
17. _____
18. _____
19. _____
20. _____
21. _____
22. _____
23. _____
24. _____
25. _____

Using your words:

Make as many words as you can with the following letters (in order) in them.

ook

oof

Day 130

Spelling Lesson:

As you hear them, write the spelling words for the day in the space provided. Be sure that you correct any words you have spelled incorrectly.

1. _____
2. _____
3. _____
4. _____
5. _____
6. _____
7. _____
8. _____
9. _____
10. _____
11. _____
12. _____
13. _____
14. _____
15. _____
16. _____
17. _____
18. _____
19. _____
20. _____
21. _____
22. _____
23. _____
24. _____
25. _____

Using your words:

Unscramble these:

1. okooeevldr _____

2. ospkbcrao _____

3. kokeoibngep _____

4. fofolproo _____

5. fogode _____

6. opsofr _____

7. kssoop _____

8. vahlse _____

9. rkosob _____

10. olfsk _____

Day 131

Spelling Lesson:

As you hear them, write the spelling words for the day in the space provided. Be sure that you correct any words you have spelled incorrectly.

1. _____
2. _____
3. _____
4. _____
5. _____
6. _____
7. _____
8. _____
9. _____
10. _____
11. _____
12. _____
13. _____
14. _____
15. _____
16. _____
17. _____
18. _____
19. _____
20. _____
21. _____
22. _____
23. _____
24. _____
25. _____

Using your words:

Fill in the blanks with words from today's spelling list.

1. Wow! Jack was really acting _____ today.

2. It helps to have _____ boots when you go fly fishing.

3. We scrambled to get out of the way of the horses' _____.

4. What _____ the cat?

5. _____ _____ _____ to touch.

6. Look at that double _____ egg!

7. Purse is another name for a _____.

8. My brother is a _____ firefighter.

9. Please put the _____ on that _____.

Day 132

Spelling Lesson:

As you hear them, write the spelling words for the day in the space provided. Be sure that you correct any words you have spelled incorrectly.

1. _____
2. _____
3. _____
4. _____
5. _____
6. _____
7. _____
8. _____
9. _____
10. _____
11. _____
12. _____
13. _____
14. _____
15. _____
16. _____
17. _____
18. _____
19. _____
20. _____
21. _____
22. _____
23. _____
24. _____
25. _____

Using your words

Can you find the words?

```
T L D G Q E C Y T D B T P K L
H Z A H N O K S S O T A F O O
L A L U O I E D O E S M D O O
G R L K G I V K U S P P E B K
N X I V F H S O B J I E V E I
I E S O I H T O R W Z R F D N
F F O K E N O E T P J P B I G
A G W L O K G Q R R P R J U L
O E V F O O R P D N U O S G A
L E F K O O B K O O C O U N U
S O S O O S S H L P U F C T G
S P O O F I N G C N U C X V H
R O O K I E S Q J T A D G J I
Q K C C Z Z U X C L A F O P N
W O V H M U Z L I M R M D E G
```

Words Used

bookshelves

cookbook

cookie

goofiest

guidebook

halving

laughing

laughter

loafing

looking

matchbooks

passbook

proving

rookies

soundproof

spoofing

tamperproof

Day 133

Spelling Lesson:

As you hear them, write the spelling words for the day in the space provided. Be sure that you correct any words you have spelled incorrectly.

1. _____
2. _____
3. _____
4. _____
5. _____
6. _____
7. _____
8. _____
9. _____
10. _____
11. _____
12. _____
13. _____
14. _____
15. _____
16. _____
17. _____
18. _____
19. _____
20. _____
21. _____
22. _____
23. _____
24. _____
25. _____

Using your words:
List as many words as you can with the following letters (in order) in them.

oar

rry

Day 134

Spelling Lesson:

As you hear them, write the spelling words for the day in the space provided. Be sure that you correct any words you have spelled incorrectly.

1. _____
2. _____
3. _____
4. _____
5. _____
6. _____
7. _____
8. _____
9. _____
10. _____
11. _____
12. _____
13. _____
14. _____
15. _____
16. _____
17. _____
18. _____
19. _____
20. _____
21. _____
22. _____
23. _____
24. _____
25. _____

Using your words:
Sound-alike words

oar/or/ore
soar/sore
boar/bore
liar/lyre
merry/marry

Use each of these words correctly in a sentence.

1. _____
2. _____
3. _____
4. _____
5. _____
6. _____
7. _____
8. _____
9. _____
10. _____
11. _____

Day 135

Spelling Lesson:

As you hear them, write the spelling words for the day in the space provided. Be sure that you correct any words you have spelled incorrectly.

1. _____
2. _____
3. _____
4. _____
5. _____
6. _____
7. _____
8. _____
9. _____
10. _____
11. _____
12. _____
13. _____
14. _____
15. _____
16. _____
17. _____
18. _____
19. _____
20. _____
21. _____
22. _____
23. _____
24. _____
25. _____

Using your words:

Fill in the blanks with words from today's spelling list.

1. To row a boat, you need to have oars in the _____.

2. The eagle _____ high over the treetops.

3. _____ we won the game, we were still upset with the officiating.

4. Horses are used for transportation _____ the world.

5. My sister got _____ last Saturday.

6. Lisa's eyes danced with _____.

7. Have you ever tasted a th_____?

8. The accident _____ on an icy road.

9. We _____ the boxes to the curb.

10. My aunt got her fur coat from a _____.

Day 136

Spelling Lesson:

As you hear them, write the spelling words for the day in the space provided. Be sure that you correct any words you have spelled incorrectly.

1. _____
2. _____
3. _____
4. _____
5. _____
6. _____
7. _____
8. _____
9. _____
10. _____
11. _____
12. _____
13. _____

14. _____
15. _____
16. _____
17. _____
18. _____
19. _____
20. _____
21. _____
22. _____
23. _____
24. _____
25. _____

Using your words:

Choose at least ten words from your spelling list and use each in a sentence.

1. _____

2. _____

3. _____

4. _____

5. _____

6. _____

7. _____

8. _____

9. _____

10. _____

Day 137

Spelling Lesson:

As you hear them, write the spelling words for the day in the space provided. Be sure that you correct any words you have spelled incorrectly.

1. _____
2. _____
3. _____
4. _____
5. _____
6. _____
7. _____
8. _____
9. _____
10. _____
11. _____
12. _____
13. _____
14. _____
15. _____
16. _____
17. _____
18. _____
19. _____
20. _____
21. _____
22. _____
23. _____
24. _____
25. _____

Using your words:

Sound-alike words: forward/foreword mustard/mustered heard/herd

Use each of these words correctly in a sentence.

1. _____

2. _____

3. _____

4. _____

5. _____

6. _____

Day 138

Spelling Lesson:

As you hear them, write the spelling words for the day in the space provided. Be sure that you correct any words you have spelled incorrectly.

1. _____
2. _____
3. _____
4. _____
5. _____
6. _____
7. _____
8. _____
9. _____
10. _____
11. _____
12. _____
13. _____
14. _____
15. _____
16. _____
17. _____
18. _____
19. _____
20. _____
21. _____
22. _____
23. _____
24. _____
25. _____

Using your words:

List as many words as you can that have the following letters (in order) in them.

erb

ird

Day 139

Spelling Lesson:

As you hear them, write the spelling words for the day in the space provided. Be sure that you correct any words you have spelled incorrectly.

1. _____
2. _____
3. _____
4. _____
5. _____
6. _____
7. _____
8. _____
9. _____
10. _____
11. _____
12. _____
13. _____
14. _____
15. _____
16. _____
17. _____
18. _____
19. _____
20. _____
21. _____
22. _____
23. _____
24. _____
25. _____

Using your words:

Unscramble these:

1. bhiigdnumrm _____

2. velbra _____

3. eabrlh _____

4. oedrwfdra _____

5. ourrndcce _____

6. peobrrv _____

7. mrudemru _____

8. bcdwaark _____

9. wdscroa _____

10. eerdbda _____

Day 140

Spelling Lesson:

As you hear them, write the spelling words for the day in the space provided. Be sure that you correct any words you have spelled incorrectly.

1. _____
2. _____
3. _____
4. _____
5. _____
6. _____
7. _____
8. _____
9. _____
10. _____
11. _____
12. _____
13. _____
14. _____
15. _____
16. _____
17. _____
18. _____
19. _____
20. _____
21. _____
22. _____
23. _____
24. _____
25. _____

Using your words:
Choose at least ten words from your spelling list and use them in a short paragraph, silly story or poem.

Day 141

Spelling Lesson:

As you hear them, write the spelling words for the day in the space provided. Be sure that you correct any words you have spelled incorrectly.

1. _____
2. _____
3. _____
4. _____
5. _____
6. _____
7. _____
8. _____
9. _____
10. _____
11. _____
12. _____
13. _____

14. _____
15. _____
16. _____
17. _____
18. _____
19. _____
20. _____
21. _____
22. _____
23. _____
24. _____
25. _____

Using your words:

Fill in the blanks with words from today's spelling list.

1. She's a great _____ for a _____.

2. Flamenco skirts _____ prettily.

3. The police officer was very _____ in dealing with the crowd.

4. I called to _____ our reservations for next Tuesday.

5. My little sister started to _____ halfway through dinner.

6. The doctor called to _____ us that the test was negative.

7. He's going to _____ at the comedy club on Thursday night.

8. Two cars per family are now the _____ in most suburbs.

9. I didn't mean to _____ you.

10. Using a _____ helps people with arthritis.

Day 142

Spelling Lesson:

As you hear them, write the spelling words for the day in the space provided. Be sure that you correct any words you have spelled incorrectly.

1. _____
2. _____
3. _____
4. _____
5. _____
6. _____
7. _____
8. _____
9. _____
10. _____
11. _____
12. _____
13. _____
14. _____
15. _____
16. _____
17. _____
18. _____
19. _____
20. _____
21. _____
22. _____
23. _____
24. _____
25. _____

Using your words:

Unscramble these

1. wndirwhli _____

2. msrtafnsor _____

3. efoprsmr _____

4. fomcrsno _____

5. rheludsr _____

6. fmoaverit _____

7. nouisrmf _____

8. miffasr _____

9. swlisr _____

10. rstilw _____

Day 143

Spelling Lesson:

As you hear them, write the spelling words for the day in the space provided. Be sure that you correct any words you have spelled incorrectly.

1. _____
2. _____
3. _____
4. _____
5. _____
6. _____
7. _____
8. _____
9. _____
10. _____
11. _____
12. _____
13. _____
14. _____
15. _____
16. _____
17. _____
18. _____
19. _____
20. _____
21. _____
22. _____
23. _____
24. _____
25. _____

Using your words:

Make as many words as you can from the following word.

misinformed

Day 144

Spelling Lesson:

As you hear them, write the spelling words for the day in the space provided. Be sure that you correct any words you have spelled incorrectly.

1. _____
2. _____
3. _____
4. _____
5. _____
6. _____
7. _____
8. _____
9. _____
10. _____
11. _____
12. _____
13. _____
14. _____
15. _____
16. _____
17. _____
18. _____
19. _____
20. _____
21. _____
22. _____
23. _____
24. _____
25. _____

Using your words:

```
A B Y T G K S C Y R U P R N I
Q F H T M N U T E M E V O G N
I U F O I R I I R R O I Z N F
N S G I D M L L F X T Z V I O
J G H L R R R O R A I C X M R
Y Q I O A M R O M I R V N R M
A N F E I M A R F U H Z A I A
G E V Q A T O T U N Q W B U T
D X F N T F Z D I X O X S Q I
A U C W N N X G N V Q C U S O
P E H I F P D T U Z E T R T N
S V S N O I T A M R O F D O R
E I N O R M A L I T Y V L I Y
M G N I L R I W T P F S Y Q F
J I P C O N F I R M A T I O N
```

Words used

absurdly
affirmative
confirmation
conformity
curdling
deformity
earlier
formations
information
misinformation
normality
performance
squirming
twirling
whirling

Day 145

Spelling Lesson:

As you hear them, write the spelling words for the day in the space provided. Be sure that you correct any words you have spelled incorrectly.

1. _____
2. _____
3. _____
4. _____
5. _____
6. _____
7. _____
8. _____
9. _____
10. _____
11. _____
12. _____
13. _____
14. _____
15. _____
16. _____
17. _____
18. _____
19. _____
20. _____
21. _____
22. _____
23. _____
24. _____
25. _____

Using your words:

List as many words as possible with the following letters (in order) in them.

urn

Day 146

Spelling Lesson:

As you hear them, write the spelling words for the day in the space provided. Be sure that you correct any words you have spelled incorrectly.

1. _____
2. _____
3. _____
4. _____
5. _____
6. _____
7. _____
8. _____
9. _____
10. _____
11. _____
12. _____
13. _____
14. _____
15. _____
16. _____
17. _____
18. _____
19. _____
20. _____
21. _____
22. _____
23. _____
24. _____
25. _____

Using your words:

Fill in the blanks with words from today's spelling list.

1. On a visit to the museum, we saw lots of old _____.

2. Everyone _____ differently.

3. Do you know how much money a doctor _____?

4. We need to take these to the _____ desk.

5. Lisa and Emily both got _____ at the beach last week.

6. I don't like to eat _____, but my dad does.

7. We take our knives to Mr. Sullivan, who _____ them for us.

8. Jake ran the vacuum over the _____ before his mom got home.

9. At an early age, children learn to take _____ with their toys.

10. We need to remember to pack the _____ before we go camping.

Day 147

Spelling Lesson:

As you hear them, write the spelling words for the day in the space provided. Be sure that you correct any words you have spelled incorrectly.

1. _____
2. _____
3. _____
4. _____
5. _____
6. _____
7. _____
8. _____
9. _____
10. _____
11. _____
12. _____
13. _____
14. _____
15. _____
16. _____
17. _____
18. _____
19. _____
20. _____
21. _____
22. _____
23. _____
24. _____
25. _____

Using your words:

Make as many words as you can from the following word.

harnessed

Day 148

Spelling Lesson:

As you hear them, write the spelling words for the day in the space provided. Be sure that you correct any words you have spelled incorrectly.

1. _____
2. _____
3. _____
4. _____
5. _____
6. _____
7. _____
8. _____
9. _____
10. _____
11. _____
12. _____
13. _____
14. _____
15. _____
16. _____
17. _____
18. _____
19. _____
20. _____
21. _____
22. _____
23. _____
24. _____
25. _____

Using your words:
Choose at least ten words from your spelling list and use them in a short paragraph, silly story or poem.

Day 149

Spelling Lesson:

As you hear them, write the spelling words for the day in the space provided. Be sure that you correct any words you have spelled incorrectly.

1. _____

2. _____

3. _____

4. _____

5. _____

6. _____

7. _____

8. _____

9. _____

10. _____

11. _____

12. _____

13. _____

14. _____

15. _____

16. _____

17. _____

18. _____

19. _____

20. _____

21. _____

22. _____

23. _____

24. _____

25. _____

Using your words:

Sound alike words: **marshal/marshall/martial grosser/grocer**

Use each of these words correctly in a sentence.

1. _____

_____

2. _____

_____

3. _____

_____

4. _____

_____

5. _____

_____

Day 150

Spelling Lesson:

As you hear them, write the spelling words for the day in the space provided. Be sure that you correct any words you have spelled incorrectly.

1. _____
2. _____
3. _____
4. _____
5. _____
6. _____
7. _____
8. _____
9. _____
10. _____
11. _____
12. _____

14. _____
15. _____
16. _____
17. _____
18. _____
19. _____
20. _____
21. _____
22. _____
23. _____
24. _____
25. _____

13. _____

Using your words:

List as many words as possible with the following letters (in order) in them.

arsh

arp

Day 151

Spelling Lesson:

As you hear them, write the spelling words for the day in the space provided. Be sure that you correct any words you have spelled incorrectly.

1. _____
2. _____
3. _____
4. _____
5. _____
6. _____
7. _____
8. _____
9. _____
10. _____
11. _____
12. _____
13. _____

14. _____
15. _____
16. _____
17. _____
18. _____
19. _____
20. _____
21. _____
22. _____
23. _____
24. _____
25. _____

Using your words:

Unscramble these:

1. wdarpe _____

2. chrdeip _____

3. rashlma _____

4. dodlsbuseeorc _____

5. lsesodg _____

6. erdenestit _____

7. ocrrgse _____

8. rieihssttt _____

9. leuppr _____

10. aswamollmrh _____

Day 152

Spelling Lesson:

As you hear them, write the spelling words for the day in the space provided. Be sure that you correct any words you have spelled incorrectly.

1. _____
2. _____
3. _____
4. _____
5. _____
6. _____
7. _____
8. _____
9. _____
10. _____
11. _____
12. _____
13. _____
14. _____
15. _____
16. _____
17. _____
18. _____
19. _____
20. _____
21. _____
22. _____
23. _____
24. _____
25. _____

Using your words:

Choose at least ten words from your spelling list and use them in a short paragraph, silly story or poem.

Day 153

Spelling Lesson:

As you hear them, write the spelling words for the day in the space provided. Be sure that you correct any words you have spelled incorrectly.

1. _____
2. _____
3. _____
4. _____
5. _____
6. _____
7. _____
8. _____
9. _____
10. _____
11. _____
12. _____
13. _____
14. _____
15. _____
16. _____
17. _____
18. _____
19. _____
20. _____
21. _____
22. _____
23. _____
24. _____
25. _____

Using your words:

Sound-alike words: **flew/flu/flue do/due/dew**

Use a dictionary to find the meanings of the words you don't know. Then use each of them correctly in a sentence.

1. _____

2. _____

3. _____

4. _____

5. _____

6. _____

Day 154

Spelling Lesson:

As you hear them, write the spelling words for the day in the space provided. Be sure that you correct any words you have spelled incorrectly.

1. _____
2. _____
3. _____
4. _____
5. _____
6. _____
7. _____
8. _____
9. _____
10. _____
11. _____
12. _____
13. _____
14. _____
15. _____
16. _____
17. _____
18. _____
19. _____
20. _____
21. _____
22. _____
23. _____
24. _____
25. _____

Using your words:

List as many words as you can that have the following letters (in order) in them.

oast

ue

Day 155

Spelling Lesson:

As you hear them, write the spelling words for the day in the space provided. Be sure that you correct any words you have spelled incorrectly.

1. _____
2. _____
3. _____
4. _____
5. _____
6. _____
7. _____
8. _____
9. _____
10. _____
11. _____
12. _____
13. _____
14. _____
15. _____
16. _____
17. _____
18. _____
19. _____
20. _____
21. _____
22. _____
23. _____
24. _____
25. _____

Using your words:

Unscramble these:

1. adeotcs _____

2. trosdea _____

3. uliipft _____

4. buetuafil _____

5. csateor _____

6. aesrrto _____

7. educl _____

8. ydTseaus _____

9. toulghha _____

10. pusutri _____

Day 156

Spelling Lesson:

As you hear them, write the spelling words for the day in the space provided. Be sure that you correct any words you have spelled incorrectly.

1. _____
2. _____
3. _____
4. _____
5. _____
6. _____
7. _____
8. _____
9. _____
10. _____
11. _____
12. _____
13. _____
14. _____
15. _____
16. _____
17. _____
18. _____
19. _____
20. _____
21. _____
22. _____
23. _____
24. _____
25. _____

Using your words:

Can you find the words?

```
S T I U S R U P G G A T T S V
S N R X X W G N O N Y X H U A
Z X R X D I I B G I T R O I S
H C Q C M T K A B Y P K R N J
Y R O A S T I N G T H O O G Z
L P F A Y Z D A J I P N U M L
L E O R V L B A F P M X G R I
U C V J S E L O V I J F H M G
F E C A E R E U A E D F B M R
I M X B R L E H F S N M G J S
T A L T Y L L U F I T U A E B
U T H R O U G H S V T I E Y D
D N H F J B L D X R P I N O Q
Y D E K E F X O Z F U Y P G N
Z T U Z X J Z H K Q I P D L D
```

Words used

avenue

beautifully

boasting

coasting

dutifully

pitifully

pitying

pursuers

pursuits

roasting

suing

thorough

through

320   Sequential Spelling Level 3 - Student Workbook

Day 157

Spelling Lesson:

As you hear them, write the spelling words for the day in the space provided. Be sure that you correct any words you have spelled incorrectly.

1. _____
2. _____
3. _____
4. _____
5. _____
6. _____
7. _____
8. _____
9. _____
10. _____
11. _____
12. _____
13. _____
14. _____
15. _____
16. _____
17. _____
18. _____
19. _____
20. _____
21. _____
22. _____
23. _____
24. _____
25. _____

Using your words:

Sound-alike words

cue/queue
hew/hue

Use a dictionary to find the meanings of the words you don't know. Write them in sentences with other words on your spelling list.

1. _____

_____

2. _____

_____

3. _____

_____

4. _____

_____

Day 158

Spelling Lesson:

As you hear them, write the spelling words for the day in the space provided. Be sure that you correct any words you have spelled incorrectly.

1. _____
2. _____
3. _____
4. _____
5. _____
6. _____
7. _____
8. _____
9. _____
10. _____
11. _____
12. _____
13. _____
14. _____
15. _____
16. _____
17. _____
18. _____
19. _____
20. _____
21. _____
22. _____
23. _____
24. _____
25. _____

Using your words:

List as many words as you can that have the following letters (in order) in them.

body

Day 159

Spelling Lesson:

As you hear them, write the spelling words for the day in the space provided. Be sure that you correct any words you have spelled incorrectly.

1. _____
2. _____
3. _____
4. _____
5. _____
6. _____
7. _____
8. _____
9. _____
10. _____
11. _____
12. _____
13. _____
14. _____
15. _____
16. _____
17. _____
18. _____
19. _____
20. _____
21. _____
22. _____
23. _____
24. _____
25. _____

Using your words:

Fill in the blanks with words from today's spelling list.

1. The lawyer _____ his case before the Supreme Court.

2. After being _____, we thanked our _____.

3. I wanted to replace the torn wallpaper, but the pattern was _____ last year.

4. The antique desk was _____ at over twenty thousand dollars.

5. The _____ blaring of the siren was very annoying.

6. We drove _____ the Rockies on the way to Seattle.

7. Brian _____ the chess board before moving his pawn.

8. Although she's still a full-time _____, she is looking forward to graduation.

9. Do you think the apartment will be _____ for all four of us?

10. _____ thought that would happen.

Day 160

Spelling Lesson:

As you hear them, write the spelling words for the day in the space provided. Be sure that you correct any words you have spelled incorrectly.

1. _____
2. _____
3. _____
4. _____
5. _____
6. _____
7. _____
8. _____
9. _____
10. _____
11. _____
12. _____
13. _____
14. _____
15. _____
16. _____
17. _____
18. _____
19. _____
20. _____
21. _____
22. _____
23. _____
24. _____
25. _____

Using your words:

Choose at least ten words from your spelling list and use them in a short paragraph, silly story or poem.

Name_____ Date_____

Evaluation Test #4

Fill in the blanks with the missing letters.

1. What is the ch_____ shot you've ever heard?

2. We have succ_____ where others have failed.

3. The lemonade needs some extra sw_____.

4. We were sl_____ late for church.

5. Look what the cat br_____ in! A dead mouse.

6. Both my d_____ are married and have careers.

7. Sometimes you need recomm_____ to get a job.

8. Diamond rings can be very, very exp_____.

9. I wish you would stop pret_____ to be an expert.

10. What was Juliet doing up on the balc_____?

11. Nobody likes to be overl_____.

12. We were _____ about you.

329

13. Has it ever occ_____ to you that you might be wrong?

14. Smoking is haz_____ to your health.

15. I think you need some more inf_____ before you go.

16. I wish you would stop squ_____ in your seat.

17. I hope you have l_____ your lesson.

18. Nothing quenches your th_____ like water.

19. Jack is always b_____ about how good he is.

20. This test will be contin_____ tomorrow. Just kidding.

Day 161

Spelling Lesson:

As you hear them, write the spelling words for the day in the space provided. Be sure that you correct any words you have spelled incorrectly.

1. _____
2. _____
3. _____
4. _____
5. _____
6. _____
7. _____
8. _____
9. _____
10. _____
11. _____
12. _____
13. _____
14. _____
15. _____
16. _____
17. _____
18. _____
19. _____
20. _____
21. _____
22. _____
23. _____
24. _____
25. _____

Using your words:

List as many words as you can that have the following letters (in order) in them.

en

Day 162

Spelling Lesson:

As you hear them, write the spelling words for the day in the space provided. Be sure that you correct any words you have spelled incorrectly.

1. _____
2. _____
3. _____
4. _____
5. _____
6. _____
7. _____
8. _____
9. _____
10. _____
11. _____
12. _____
13. _____
14. _____
15. _____
16. _____
17. _____
18. _____
19. _____
20. _____
21. _____
22. _____
23. _____
24. _____
25. _____

Using your words:

Fill in the blanks with words from today's spelling list.

1. Your decision _____ me.

2. Do you know which door this key _____?

3. What's the _____ that could happen?

4. Let's wait and see what _____.

5. The light from the lamp really _____ the room.

6. I'm glad to know someone _____ to me.

7. Flour _____ gravy.

8. Sugar _____ iced tea.

9. What fabric _____ do you use?

10. Look at how the snow _____ in the sunlight!

Day 163

Spelling Lesson:

As you hear them, write the spelling words for the day in the space provided. Be sure that you correct any words you have spelled incorrectly.

1. _____
2. _____
3. _____
4. _____
5. _____
6. _____
7. _____
8. _____
9. _____
10. _____
11. _____
12. _____
13. _____
14. _____
15. _____
16. _____
17. _____
18. _____
19. _____
20. _____
21. _____
22. _____
23. _____
24. _____
25. _____

Using your words:

Unscramble these:

1 adseddne _____

2 ponede _____

3 desnoelo _____

4 dhtegient _____

5 rndheattee _____

6 dnsletei _____

7 tedsaenf _____

8 sroew _____

9 ehsitgenatdr _____

10 eetosndf _____

Day 164

Spelling Lesson:

As you hear them, write the spelling words for the day in the space provided. Be sure that you correct any words you have spelled incorrectly.

1. _____
2. _____
3. _____
4. _____
5. _____
6. _____
7. _____
8. _____
9. _____
10. _____
11. _____
12. _____
13. _____
14. _____
15. _____
16. _____
17. _____
18. _____
19. _____
20. _____
21. _____
22. _____
23. _____
24. _____
25. _____

Using your words:

Write a sentence using the following words:

1. saddening _____

_____.

2. maddening _____

_____.

3. opening _____

_____.

4. happening _____

_____.

5. threatening _____

_____.

6. listening _____

_____.

7. lightening _____

_____.

8. straighten _____

_____.

9. fastened _____

_____.

10. loosened _____

_____.

Day 165

Spelling Lesson:

As you hear them, write the spelling words for the day in the space provided. Be sure that you correct any words you have spelled incorrectly.

1. _____
2. _____
3. _____
4. _____
5. _____
6. _____
7. _____
8. _____
9. _____
10. _____
11. _____
12. _____
13. _____
14. _____
15. _____
16. _____
17. _____
18. _____
19. _____
20. _____
21. _____
22. _____
23. _____
24. _____
25. _____

Using your words:

Sound-alike words: **racket/raquet**

Look-alike words:
buffet "buh FAY"/buffet "BUF it"
Use a dictionary to find the meanings of the words you don't know. Write them in sentences with other words on your spelling list.

1. _____

2. _____

3. _____

4. _____

Day 166

Spelling Lesson:

As you hear them, write the spelling words for the day in the space provided. Be sure that you correct any words you have spelled incorrectly.

1. _____
2. _____
3. _____
4. _____
5. _____
6. _____
7. _____
8. _____
9. _____
10. _____
11. _____
12. _____
13. _____
14. _____
15. _____
16. _____
17. _____
18. _____
19. _____
20. _____
21. _____
22. _____
23. _____
24. _____
25. _____

Using your words:
List as many words as you can that have the following letters (in order) in them.

et

Day 167

Spelling Lesson:

As you hear them, write the spelling words for the day in the space provided. Be sure that you correct any words you have spelled incorrectly.

1. _____
2. _____
3. _____
4. _____
5. _____
6. _____
7. _____
8. _____
9. _____
10. _____
11. _____
12. _____
13. _____
14. _____
15. _____
16. _____
17. _____
18. _____
19. _____
20. _____
21. _____
22. _____
23. _____
24. _____
25. _____

Using your words:
Use a dictionary to find the definitions of the words you don't know. Use each of these in a sentence.

1. sprocket

2. junket

3. brisket

4. poetry

5. thicket

6. racketeer

7. picketed

8. marketed

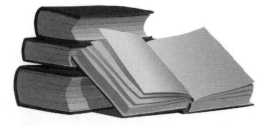

Day 168

Spelling Lesson:

As you hear them, write the spelling words for the day in the space provided. Be sure that you correct any words you have spelled incorrectly.

1. _____
2. _____
3. _____
4. _____
5. _____
6. _____
7. _____
8. _____
9. _____
10. _____
11. _____
12. _____
13. _____
14. _____
15. _____
16. _____
17. _____
18. _____
19. _____
20. _____
21. _____
22. _____
23. _____
24. _____
25. _____

Using your words:

Can you find the words?

```
S T I U S R U P G G A T T S V
S N R X X W G N O N Y X H U A
Z X R X D I I B G I T R O I S
H C Q C M T K A B Y P K R N J
Y R O A S T I N G T H O O G Z
L P F A Y Z D A J I P N U M L
L E O R V L B A F P M X G R I
U C V J S E L O V I J F H M G
F E C A E R E U A E D F B M R
I M X B R L E H F S N M G J S
T A L T Y L L U F I T U A E B
U T H R O U G H S V T I E Y D
D N H F J B L D X R P I N O Q
Y D E K E F X O Z F U Y P G N
Z T U Z X J Z H K Q I P D L D
```

Words used

blanketing
buckets
buffet
buffeting
fidgeting
fussbudgets
goblet
junkets
marketing
picketing
poems
poetic
quieting
thickets

Sequential Spelling Level 3 - Student Workbook

Day 169

Spelling Lesson:

As you hear them, write the spelling words for the day in the space provided. Be sure that you correct any words you have spelled incorrectly.

1. _____
2. _____
3. _____
4. _____
5. _____
6. _____
7. _____
8. _____
9. _____
10. _____
11. _____
12. _____
13. _____

14. _____
15. _____
16. _____
17. _____
18. _____
19. _____
20. _____
21. _____
22. _____
23. _____
24. _____
25. _____

Using your words:

Fill in the blanks with words from today's spelling list.

1. Saturn is a _____ with rings around it.

2. We went shopping for new _____ yesterday.

3. If we take a trip to Japan, we're going to need an _____ to _____ the signs.

4. Please hang your coat in the _____.

5. I took my tennis _____ to the _____ club.

6. Would you like to attend the _____ with me?

7. Janet makes a great mushroom _____.

8. What a pretty _____!

9. There is information about that painting in this _____.

10. We paddled the canoe to the _____ and had a picnic.

Day 170

Spelling Lesson:

As you hear them, write the spelling words for the day in the space provided. Be sure that you correct any words you have spelled incorrectly.

1. _____
2. _____
3. _____
4. _____
5. _____
6. _____
7. _____
8. _____
9. _____
10. _____
11. _____
12. _____
13. _____
14. _____
15. _____
16. _____
17. _____
18. _____
19. _____
20. _____
21. _____
22. _____
23. _____
24. _____
25. _____

Using your words:

Unscramble these:

1 lteoosbk _____

2 cstlseo _____

3 belulst _____

4 tprriteeresn _____

5 vneveetel _____

6 letabrecs _____

7 psempatlh _____

8 seltapn _____

9 stmcoe _____

10 evtlsoi _____

Day 171

Spelling Lesson:

As you hear them, write the spelling words for the day in the space provided. Be sure that you correct any words you have spelled incorrectly.

1. _____
2. _____
3. _____
4. _____
5. _____
6. _____
7. _____
8. _____
9. _____
10. _____
11. _____
12. _____
13. _____
14. _____
15. _____
16. _____
17. _____
18. _____
19. _____
20. _____
21. _____
22. _____
23. _____
24. _____
25. _____

Using your words:

Make as many words as you can from the following word.

interpretation

Day 172

Spelling Lesson:

As you hear them, write the spelling words for the day in the space provided. Be sure that you correct any words you have spelled incorrectly.

1. _____
2. _____
3. _____
4. _____
5. _____
6. _____
7. _____
8. _____
9. _____
10. _____
11. _____
12. _____
13. _____
14. _____
15. _____
16. _____
17. _____
18. _____
19. _____
20. _____
21. _____
22. _____
23. _____
24. _____
25. _____

Using your words:
Choose at least ten words from your spelling list and use them in a short paragraph, silly story or poem.

Day 173

Spelling Lesson:

As you hear them, write the spelling words for the day in the space provided. Be sure that you correct any words you have spelled incorrectly.

1. _____
2. _____
3. _____
4. _____
5. _____
6. _____
7. _____
8. _____
9. _____
10. _____
11. _____
12. _____
13. _____
14. _____
15. _____
16. _____
17. _____
18. _____
19. _____
20. _____
21. _____
22. _____
23. _____
24. _____
25. _____

Using your words:

List as many words as you can that have the following letters (in order) in them.

ess

etch

Day 174

Spelling Lesson:

As you hear them, write the spelling words for the day in the space provided. Be sure that you correct any words you have spelled incorrectly.

1. _____
2. _____
3. _____
4. _____
5. _____
6. _____
7. _____
8. _____
9. _____
10. _____
11. _____
12. _____
13. _____

14. _____
15. _____
16. _____
17. _____
18. _____
19. _____
20. _____
21. _____
22. _____
23. _____
24. _____
25. _____

Using your words:

Use each of these words correctly in a sentence.

1. thoroughness

2. thoughtless

3. professor

4. depressed

5. swindled

6. thoughts

7. whipped

8. grumbled

9. splashed

10. lectures

Day 175

Spelling Lesson:

As you hear them, write the spelling words for the day in the space provided. Be sure that you correct any words you have spelled incorrectly.

1. _____
2. _____
3. _____
4. _____
5. _____
6. _____
7. _____
8. _____
9. _____
10. _____
11. _____
12. _____
13. _____
14. _____
15. _____
16. _____
17. _____
18. _____
19. _____
20. _____
21. _____
22. _____
23. _____
24. _____
25. _____

Using your words:

Unscramble these:

1. lrsmbuegr _____

2. utogbh _____

3. uttgfholuh _____

4. lhgyrtuoho _____

5. ssccsufule _____

6. sspnorfieo _____

7. drpnioeess _____

8. bereeemdmr _____

9. ipgpikns _____

10. ptudicer _____

Day 176

Spelling Lesson:

As you hear them, write the spelling words for the day in the space provided. Be sure that you correct any words you have spelled incorrectly.

1. _____
2. _____
3. _____
4. _____
5. _____
6. _____
7. _____
8. _____
9. _____
10. _____
11. _____
12. _____
13. _____
14. _____
15. _____
16. _____
17. _____
18. _____
19. _____
20. _____
21. _____
22. _____
23. _____
24. _____
25. _____

Using your words:

Can you find the words?

```
S M G P T S H G U A L L F R P
D S G N S H Y L G T A C Y E D
A I E O I U R N D N Y R L M K
T C S N V L I O O Q K U L E S
F I N C H R B I U Y P S U M E
S H E F U G S M E G H H F B H
E M S T U S U X U C H E S E C
T I C I E S S O M R O S S R T
Q E J F F R S I R V G V E I E
L W O A J Z K O O O P B C N R
H R B U M D Q I N N H C C G T
P G N I D E E C C U S T U J S
D E P R E S S I O N S I S F L
N P H W T S P L A S H E S Y S
S S E N L U F T H G U O H T M
```

Words used

crushes

depressions

discussions

grumbling

laughs

lecturing

professional

remembering

splashes

stretches

succeeding

successfully

thoroughness

thoughtfulness

through

Day 177

Spelling Lesson:

As you hear them, write the spelling words for the day in the space provided. Be sure that you correct any words you have spelled incorrectly.

1. _____
2. _____
3. _____
4. _____
5. _____
6. _____
7. _____
8. _____
9. _____
10. _____
11. _____
12. _____
13. _____
14. _____
15. _____
16. _____
17. _____
18. _____
19. _____
20. _____
21. _____
22. _____
23. _____
24. _____
25. _____

Using your words:

List as many words as you can that have the following letters (in order) in them.

ove

irm

Day 178

Spelling Lesson:

As you hear them, write the spelling words for the day in the space provided. Be sure that you correct any words you have spelled incorrectly.

1. _____
2. _____
3. _____
4. _____
5. _____
6. _____
7. _____
8. _____
9. _____
10. _____
11. _____
12. _____
13. _____
14. _____
15. _____
16. _____
17. _____
18. _____
19. _____
20. _____
21. _____
22. _____
23. _____
24. _____
25. _____

Using your words:

List as many words as you can that have the following letters (in order) in them

orm

ight

Day 179

Spelling Lesson:

As you hear them, write the spelling words for the day in the space provided. Be sure that you correct any words you have spelled incorrectly.

1. _____
2. _____
3. _____
4. _____
5. _____
6. _____
7. _____
8. _____
9. _____
10. _____
11. _____
12. _____
13. _____
14. _____
15. _____
16. _____
17. _____
18. _____
19. _____
20. _____
21. _____
22. _____
23. _____
24. _____
25. _____

Using your words

Fill in the blanks with words from today's spelling list.

1. If you speed in a construction zone, the fine is _____.

2. I am _____ by her decision to leave.

3. Jack was _____ his varsity letter for baseball.

4. The evidence _____ his guilt.

5. Sam's mom had a tumor _____ yesterday.

6. It _____ to me that I had forgotten her birthday.

7. The board _____ the hiring of an executive director.

8. That's the _____ joke I've ever heard!

9. Our neighbors are very _____.

10. We're planning a _____ this summer.

Day 180

Spelling Lesson:

As you hear them, write the spelling words for the day in the space provided. Be sure that you correct any words you have spelled incorrectly.

1. _____
2. _____
3. _____
4. _____
5. _____
6. _____
7. _____
8. _____
9. _____
10. _____
11. _____
12. _____
13. _____
14. _____
15. _____
16. _____
17. _____
18. _____
19. _____
20. _____
21. _____
22. _____
23. _____
24. _____
25. _____

Using your words:

Choose at least ten words from your spelling list and use them in a short paragraph, silly story or poem.

Name_____ Date_____

Final Evaluation Test

Fill in the blanks with the missing letters.

1. I hope we don't have another depr_____.

2. We'll have a group disc_____ tomorrow.

3. I love going to wedding rec_____.

4. We were really _____ about you.

5. My cousin sk_____ the fourth grade.

6. We were simply cr_____ to find we weren't invited.

7. My sister is taking up acc_____ in college.

8. I sometimes have to be rem_____ about the time.

9. It's no fun to be mar_____ on a desert island.

10. I wish they would stop gr_____ all the time.

11. They had to trim several br_____ off the tree.

12. The injured player was carried out on a str_____.

13. The player suffered a fr_____.

14. Do you remember who st_____ in Gone With the Wind?

15. When I hurt my foot, I had to walk on cr_____.

16. We have succ_____ where others have failed.

17. Both my d_____ are married and have careers.

18. Has it ever occ_____ to you that you might be wrong.

19. I hope you have l_____ your lesson.

20. Jill is always b_____ about how good she is.

Story Starters

Sometimes, pictures can inspire us to write poems or stories. Take a look at the picture above. What do you think happened before and after? Has something similar happened to you? How did you react? Think about these questions as you write a short poem or story about this picture.

Story Starters

Sometimes, pictures can inspire us to write poems or stories. Take a look at the picture above. What do you think happened before and after? Has something similar happened to you? How did you react? Think about these questions as you write a short poem or story about this picture.

Story Starters

Sometimes, pictures can inspire us to write poems or stories. Take a look at the picture above. What do you think happened before and after? Has something similar happened to you? How did you react? Think about these questions as you write a short poem or story about this picture.

Story Starters

Sometimes, pictures can inspire us to write poems or stories. Take a look at the picture above. What do you think happened before and after? Has something similar happened to you? How did you react? Think about these questions as you write a short poem or story about this picture.